將帥風雲與

將帥傳奇

肖東發 主編　劉文英 編著

孫武、白起、岳飛、關羽

從上古至近世的忠義軍魂，譜出歷史的戰歌

本書透過歷史長河中不斷演進的軍事智慧，
帶領讀者走進古代名將輩出的風雲時代。

從春秋戰國的「詭道」兵家，到秦漢隋唐的忠勇猛將，
直至五代十國至元代的忠義軍魂，
這些將帥不僅是各時代的英雄，更是戰場上以智謀取勝的典範。

目錄

序言

上古時期 —— 兵家智謀

兵學鼻祖孫武 …………………………………010

兵家代表吳起 …………………………………017

赫赫戰神白起 …………………………………025

智勇戰將王翦 …………………………………034

德聖武神廉頗 …………………………………041

常勝將軍李牧 …………………………………050

中古時期 —— 將帥風雲

中華第一勇士蒙恬 ……………………………060

最勇猛的武將項羽 ……………………………068

傑出軍事人才韓信 ……………………………073

漢之飛將軍李廣 ………………………………084

無一敗績的衛青 ………………………………092

目錄

克敵遠征的霍去病 …………………………099

五虎上將之首關羽 …………………………105

三國第一勇將呂布 …………………………112

功蓋諸葛的王猛 ……………………………119

足智多謀的史萬歲 …………………………128

勇猛將帥薛仁貴 ……………………………135

近古時期 —— 軍中戰神

驍勇善戰的楊業 ……………………………146

精忠報國的岳飛 ……………………………153

蒙古第一猛將哲別 …………………………161

近世時期 —— 叱吒英雄

明朝開國將軍徐達 …………………………170

民族英雄戚繼光 ……………………………181

武臣巨擘岳鍾琪 ……………………………189

湘軍將領左宗棠 ……………………………194

民族英雄鄧世昌 ……………………………203

序言

浩浩歷史長河，熊熊文明薪火，中華文化源遠流長，滾滾黃河、滔滔長江，是最直接源頭，這兩大文化浪濤經過千百年沖刷洗禮和不斷交流、融合以及沉澱，最終形成了求同存異、兼收並蓄的輝煌燦爛的中華文明，也是世界上唯一綿延不絕而從沒中斷的古老文化，並始終充滿了生機與活力。中華文化曾是東方文化搖籃，也是推動世界文明不斷前行的動力之一。早在 500 年前，中華文化的四大發明催生了歐洲文藝復興運動和地理大發現。中國四大發明先後傳到西方，對於促進西方工業社會發展和形成，曾帶來了重要作用。

中華文化博大精深，是各族人民五千年來創造、傳承下來的物質文明和公德心的總和，其內容包羅永珍，浩若星漢，具有很強文化縱深，蘊含豐富寶藏。中華文化薪火相傳，一脈相承，弘揚和發展五千年來優秀的、光明的、先進的、科學的、文明的和自豪的文化現象，融合古今中外一切文化精華，建構具有特色的現代民族文化，向世界展示中華民族的文化力量、文化價值、文化形態與文化風采。

為此，在相關專家指導下，我們收集整理了大量古今資料和最新研究成果，特別編撰了本套大型書系。主要包括獨具特色的語言文字、浩如煙海的文化典籍、名揚世界的科技工藝、異彩紛呈的文學藝術、充滿智慧的中國哲學、完備而深刻的倫理道德、古風古韻的建築遺存、深具內涵的自然名

勝、悠久傳承的歷史文明，還有各具特色又相互交融的地域文化和民族文化等，充分顯示了厚重文化底蘊。

　　本書縱橫捭闔，採取講故事的方式進行敘述，語言通俗，明白曉暢，形象直觀，古風古韻，格調高雅，具有很強的可讀性、欣賞性、知識性和延伸性，能夠讓讀者們感受到中華文化的豐富內涵。

肖東發

序言

上古時期 —— 兵家智謀

　　春秋戰國是中國歷史上的上古時期。在這一時期，隨著各諸侯國間戰爭規模的擴大和戰爭方式的變化，出現了許多指揮作戰的專職軍人，他們都是各個諸侯國所倚重的優秀兵家。

　　戰爭中的「詭道」是智慧的代名詞。堪稱兵家的人總是智勇兼備，用兵布陣正奇相依，變化無窮，而春秋時期將帥們的戰爭實踐，代表了上古時期實戰的最高水準。有英雄的民族是值得驕傲的。這些「詭道」兵家就是後世所津津樂道的英雄。

上古時期─兵家智謀

兵學鼻祖孫武

孫武（約西元前535～？），字長卿。生於春秋時期齊國樂安。中國古代著名軍事家、政治家。

其著有鉅作《孫子兵法》13篇，為後世兵法家所推崇，被譽為「兵學聖典」，置於《武經七書》之首。被譯為英文、法文、德文、日文，成為國際間最著名的兵學典範之書。

孫武也被後人尊稱為孫子、孫武子、兵聖、百世兵家之師、東方兵學的鼻祖。

孫武原來是齊國人，由於避難到了吳國。為了施展生平所學，他拿著自己所著的兵書，去求見吳王闔閭，讓自己領兵打仗。闔閭想要伐楚，正需要孫武這樣的人才，再加上有伍子胥的推薦，於是就接見了孫武。

闔閭和孫武進行了深入的交流，覺得孫武是個難得人才，最後正式任命孫武為大將。在孫武的嚴格訓練下，吳軍的軍事素養有了明顯的提升。

西元前512年，吳王闔閭、吳國大夫伍子胥和上任不久的大將孫武，指揮吳軍攻克了楚的屬國鍾吾國、舒國。

兵學鼻祖孫武

這時,闔閭想要直接攻克楚都郢,孫武認為這樣做不妥,便進言道:「楚軍是一支勁旅,非鍾吾國和舒國可比。我軍已連滅兩國,現在人疲馬乏,軍資消耗很大,不如暫且收兵,蓄精養銳,再等良機。」

吳王聽從了孫武的勸告,下令班師。

伍子胥也完全同意孫武的主張,並向闔閭獻策說:「人馬疲勞,不宜遠征。不過,我們也可以設法使楚人疲睏。」

於是伍子胥和孫武共同商訂了一套擾楚、疲楚的計策,對楚國進行輪番襲擊。弄得楚國連年應付吳軍,人力物力都被大量耗費,國內十分空虛,屬國紛紛叛離。吳國卻從輪番進攻中搶掠不少,在與楚國對峙中完全占據上風。

西元前506年,楚國攻打已經歸附吳國的蔡國,這給了吳軍伐楚的藉口。闔閭和伍子胥、孫武指揮訓練有素的30,000名精兵,乘坐戰船,直趨蔡國與楚國交戰。

楚軍見吳軍來勢凶猛,不得不放棄對蔡國的圍攻,收縮部隊,調集主力,以汭水為界,加緊設防,抗擊吳軍的進攻。

不料孫武突然改變了沿淮河進軍的路線,放棄戰船,改從陸路進攻,直插楚國縱深。

伍子胥問孫武:「吳軍習於水性,善於水戰,為何改從陸路進軍呢?」

011

上古時期─兵家智謀

孫武告訴他說:「用兵作戰,最貴神速。應當走別人料想不到的路,以便打它個措手不及。逆水行舟,速度遲緩,楚軍必然乘機加強防備,那就很難破敵了。」

就這樣,孫武在30,000名精兵中選擇了強壯敏捷的3,500名為前陣,身穿堅甲,手執利器,連連大敗楚軍,隨後攻入楚國的國都郢。

孫武以30,000名軍隊攻擊楚國的20萬大軍,獲得全勝,創造了以少勝多的光輝戰例。

然而,這時越國乘吳軍伐楚之機進攻吳國,秦國又出兵幫助楚國對付吳軍,這樣,闔閭不得不引兵返吳。此後,吳又繼續伐楚,楚為避免亡國被迫遷都。

孫武在幫助闔閭西破強楚的同時,還計劃征服越國。只是眼下時機未到,正在抓緊準備。

西元前496年,闔閭不聽孫武等人的勸告,不等準備工作全部就緒,就倉猝出兵想要擊敗越國。不料,勾踐主動迎戰,施展巧計,把吳軍殺得大敗,吳軍倉皇敗退。

闔閭也被越大夫靈姑浮揮戈斬落了腳趾,身受重傷,在敗退途中,死在陘地。後葬蘇州虎丘山。

闔閭去世後,由太子夫差繼承王位,孫武和伍子胥整頓軍備,以輔佐夫差完成報仇雪恥大業。

西元前494年春天,勾踐調集軍隊從水上向吳國出發,

兵學鼻祖孫武

夫差率 10 萬名精兵迎戰於夫椒。

在孫武、伍子胥的策劃下，吳軍大敗越軍。勾踐只得向吳屈辱求和，夫差不聽伍子胥勸阻，同意了勾踐的求和。

吳國的爭霸活動在南方地區取得勝利後，便向北方中原地區進逼。

西元前 485 年，夫差聯合魯國，大敗齊軍。

西元前 482 年，孫武隨同夫差又率領著數萬名精兵，由水路北上到達黃池，與晉、魯等諸侯國君會盟。吳王夫差在這次盟會上，以強大的軍事力量為後盾，爭得霸主的地位。

孫武精心訓練軍隊和制定軍事謀略，對夫差建立霸業做出了重大貢獻。

隨著吳國霸業的蒸蒸日上，夫差漸漸自以為是，不再像以前那樣勵精圖治，對孫武、伍子胥這些功臣不再那麼重視，反而重用奸臣伯嚭。

與此同時，越王勾踐為了消沉吳王鬥志、迷惑夫差，達到滅吳目的，一方面自己親侍吳王，臥薪嘗膽；一方面選美女西施入吳。

西施入吳後，夫差大興土木，建築姑蘇臺，日日飲酒，夜夜笙歌，沉醉於酒色之中。

孫武、伍子胥一致認為，勾踐被迫求和，一定還會想辦法到以後報復，故必須徹底滅掉越國，絕不能姑息養奸，留

上古時期—兵家智謀

下後患。但夫差聽了奸臣的挑撥，不理睬孫武、伍子胥的苦諫。

由於伍子胥一再進諫，夫差大怒，製造藉口逼其自盡。伍子胥自盡後，夫差又命人將他的屍體裝在皮袋裡，扔入江中，不給安葬。

伍子胥的死，給了孫武一個沉重的打擊。他的心完全冷了。他意識到吳國已經無可救藥。孫武深知「飛鳥盡，良弓藏；狡兔死，走狗烹」的道理，於是便悄然歸隱。

隱居吳都郊外的孫武由此更加看清自己的前途，他在隱居之地，一邊灌園耕種，一邊寫作兵法，終於完成了兵法13篇。

孫武死後，他的後世子孫孫臏把孫武的用兵思想廣為傳播並發揚光大。

【旁注】

沔水：又名漢水、襄河，初名漾水，也稱漾川。現在稱漢江。《尚書‧禹貢》記載：「番塚導漾，東流為漢。」即指此。為長江最長的支流。漢江是漢朝的發祥地，「大漢民族」、「漢文化」、「漢學」、「漢語」這些名稱，都是因有了漢朝才定型的。

夫差（？～西元前473年）：又稱吳王姬夫差，闔閭之子。春秋時期吳國末代國君，西元前495年至西元前473年

在位。在位期間，開鑿邗溝，發展長江下游，又破越敗齊，稱霸一時。

黃池：在今河南省封丘縣城南。據《封丘縣誌》記載：「（周穆王）東遊於黃澤。歌曰：黃之池，其馬噴沙，黃之澤，其馬噴玉。」故春秋時叫黃池。歷史上有名的「黃池之會」就在這裡舉行。今僅存古黃池碑一通，建磚砌碑樓加以保護。

闔閭（？～西元前496年）：又稱闔廬，姓姬名光。吳王夷末之子，故又稱「公子光」。春秋時吳國第二十四任君主，西元前514年至西元前496年在位。著名政治家，同時也是春秋史上武功最強盛的霸主，興盛吳國，大破楚國，稱雄一時。

伍子胥（？～西元前484年）：名員，字子胥。周代春秋末期吳國大夫，謀略家和軍事家。吳國倚重伍子胥等人之謀，遂成為諸侯一霸。後來，繼承王位的吳王夫差聽信讒言，派人送一把寶劍給伍子胥，令其自殺。

勾踐（？～西元前465）：姓姒，名勾踐，又名菼執。春秋末年越國國君，西元前497年至西元前465年在位。曾敗於吳，屈服求和，到吳國侍奉吳王，以麻痺吳王。後來發憤圖強，一雪前恥，並終成強國。

西施：本名施夷光。春秋末期出生於浙江紹興諸暨苧蘿村。天生麗質。中國古代四大美女之首。是美的化身和代名

上古時期─兵家智謀

詞。西施也與南威並稱「威施」，均是美女的代稱。吳越爭霸中，西施是勾踐迷惑夫差的一件重要工具。

孫臏：孫武的後代。中國戰國時期軍事家，兵家代表人物。因受龐涓迫害遭受臏刑，身體殘疾，後在齊國使者的幫助下投奔齊國，輔佐齊國大將田忌兩次擊敗龐涓，取得了桂陵之戰和馬陵之戰的勝利，奠定了齊國的霸業。

【閱讀連結】

有一次，吳王闔閭問孫武能不能訓練女兵，孫武說可以，於是吳王便撥了100多名宮女給他。

孫武把宮女編成兩隊，用吳王最寵愛的兩個妃子當隊長，然後交給她們一些軍事基本動作和口令。但孫武連續兩次發令時，宮女們都只顧嬉笑，不聽指揮。

孫武便下令把隊長拖去斬首。

吳王向孫武求情，但孫武堅持認為，任何人違犯了軍令都該接受處分，結果還是把隊長給殺了。宮女們見他說到做到，都嚇得臉色發白。第三次發令，沒有一個人敢再開玩笑了。

兵家代表吳起

吳起（西元前 440 年～前 381 年），生於衛國左氏。戰國初期著名的政治改革家，卓越的軍事家、統帥，政治家和改革家。兵家代表人物。後世把他和孫武並稱為「孫吳」。

著有《吳子》一書，《吳子》與《孫子》又合稱《孫吳兵法》，在中國古代軍事典籍中占有重要地位。

吳起是戰國時期衛國人，他為了有所建樹，曾經在魯國拜孔子的徒孫曾申為師，後來又去魏國拜「孔門十哲」之一的子夏為師。

吳起在魯國時，齊國於西元前 412 年進攻魯國，魯穆公想用吳起為將，但因為吳起的妻子是齊國人，對他有所懷疑。吳起由於渴望當將領成就功名，殺了自己的妻子，表示不傾向齊國，史稱「殺妻求將」。

魯穆公終於任命他為將軍。

吳起治軍嚴於己而寬於人，與士卒同甘共苦，因而軍士皆能效死從命。

吳起在奉命率軍與齊國作戰時，他率領軍隊到達前線

上古時期─兵家智謀

後,沒有立即同齊軍開仗,表示願與齊軍談判,先向對方示弱,以老弱之卒駐守中軍,造成一種弱勢和膽怯的假象,用以麻痺齊軍將士。

齊軍見狀,就放鬆了警惕。沒想到,吳起出其不意,以精壯之軍突然向齊軍發起猛攻。齊軍倉促應戰,一觸即潰,傷亡過半。魯軍大獲全勝。

吳起戰場勝利,獲得了魯穆公的高度重視,認為吳起的才幹非常高。

吳起得勢引起魯國群臣的非議,一時流言四起。

有些人在魯穆公面前中傷吳起說:「吳起是個殘暴無情的人。他小時候,家資十全,他想當官,從事遊說活動沒有成功,以致家庭破產。鄉鄰都恥笑他,吳起就殺了30多個誹謗他的人,逃出衛國而東去。現在,魯君對他有懷疑,他就殺了自己的妻子以爭取做將軍。魯國是個小國,一旦有了戰勝的名聲,就會引起各國都來圖謀魯國了。而且魯國和衛是兄弟國家,魯君用吳起,就是拋棄了衛國。」

魯穆公聽信了讒言,就對吳起產生了疑慮,最後辭退了吳起。

吳起離開魯國後,聽說魏文侯很賢明,想去憑本事遊說他。

文侯問大臣李悝說:「吳起為人如何?」

兵家代表吳起

李悝說：「吳起貪圖榮名，但他用兵，連司馬穰苴也不能超過他。」

魏文侯任命吳起為將軍。吳起率軍攻打秦國，只一戰，就連續攻克秦國5座城邑。

魏文侯因吳起善於用兵，廉潔而公平，能得到士卒的擁護，就任命他為西河一帶的守將，抗拒秦國和韓國。

西元前409年，吳起攻取秦河西地區的兩座城池並加以維修。次年，攻取秦的之西河屬地多處，置西河郡，任西河郡守。

這一時期，吳起曾與諸侯大戰76次，全勝64次，開拓領地上千里。特別是陰晉之戰，使魏國成為戰國初期的強大的諸侯國。

吳起鎮守西河期間，強調兵不在多而在於「治」。他首創考選士卒之法：凡能身著全副甲冑，執12石之弩，背負矢50個，荷戈帶劍，攜3天口糧，在半日內跑完百里者，即可入選為「武卒」，免除其全家的徭賦和田宅租稅。

選定「武卒」後，吳起又對他們進行嚴格訓練，使之成為魏國的精兵之師。在訓練中，他主張嚴刑明賞、教戒為先，認為若法令不明，賞罰不信，雖有百萬之軍也無益。

吳起做將軍時，和最下層的士卒同衣同食。睡覺時不鋪蓆子，行軍時不騎馬坐車，親自背乾糧，和士卒共擔勞苦。

上古時期—兵家智謀

　　士卒中有個人生瘡，吳起就用嘴為他吸膿。這個士卒的母親知道這事後大哭起來。

　　別人說：「你兒子是個士卒，而將軍親自為他吸取瘡上的膿，你為什麼還要哭呢？」

　　母親說：「不是這樣。往年吳公為他父親吸過瘡上的膿，他父親作戰時就一往無前地拚命，所以就戰死了。現在吳公又為我兒子吸瘡上的膿，我不知他又將死到那裡了，所以我哭。」

　　魏文侯死後，吳起繼續效力於他兒子魏武侯。武侯曾與吳起一起乘船順西河而下，船到中流，武侯說：「這麼壯麗的山河又能如此險要，這是魏國的寶藏啊！」

　　吳起對他說：「國家最寶貴的是君主的德行，而不在於地形的險要。治理國家在於君主的德行，而不在於地形的險要。如果君主不講德行，就是一艘船中的人也都會成為敵國的人。」

　　吳起又說了夏桀、商湯雖固守險地，因不施仁政最後被滅的例子，武侯聽後很是贊同。

　　吳起任西河的守將威信很高，自然引起一些人的嫉妒。以前對吳起非常畏懼的公叔任相後，便想害吳起。

　　公叔有個僕人很有鬼點子，他知道公叔想除掉吳起，就說：「吳起很容易除掉。」

兵家代表吳起

公叔說：「怎麼辦？」

僕人說：「吳起為人有節操，廉潔而重視聲譽，你可以先向武侯說：『吳起是個賢明的人，我們魏國屬於侯一級的小國，又和強秦接壤，據我看，恐怕吳起不想長期留在魏國。』武侯必然要問：『那怎麼辦呢？』你就乘機向武侯說：『君侯可以把一位公主許配給吳起，他如果故意留在魏國就必定欣然接受，如果不故意留在魏國就必然辭謝。以此就可以探測他的想法了。』」

「然後你再親自把吳起邀到你的府上，使公主故意發怒而輕慢你。吳起看見公主那樣輕賤你，他想到自己也會被輕賤，就會辭而不受。」

公叔照計行事，吳起果然看見公主輕慢魏相就辭謝了武侯。武侯因而對吳起有所懷疑了。吳起害怕武侯降罪，於是離開魏國到楚國去了。

楚悼王平素聽說吳起很有才能，他一到楚國就被任命為相。吳起嚴明法令，撤去不急需的官吏，王室家族非直系者也一律停用。節省下來的預算分配給士兵，增加士兵人數。

楚國的軍隊加強了，吳起就率軍四面出擊，南面平定了百越；北面兼併了陳國和蔡國，並擊退了韓、趙、魏的擴張；向西征伐了秦國。擴大了領地，增強了國力。

楚悼王非常高興，把一切政事都交給吳起處理。

上古時期—兵家智謀

吳起實行的改革，打破了皇孫、貴族及一些官吏養尊處優、驕橫跋扈的局面，因此他們對吳起恨之入骨。楚悼王卻在這時一病不起，很快去世。

西元前381年，那些仇視吳起的人趁機叛亂，殺進宮來。吳起見難以逃命，就趴在楚悼王屍體上不起來。叛軍一陣亂箭，將吳起活活射死，但也有不少箭射到了楚王身上。

楚悼王的兒子戚即位，這就是楚肅王。他認為射殺父王的屍體是大逆不道的，於是就追究作亂之人的責任，殺了叛亂之人為吳起報了仇。後人都稱讚吳起的智慧，認為他死後還能為自己報仇。

吳起在指導戰爭方面累積了豐富的經驗，他把這些經驗深化為軍事理論。《漢書·藝文志》著錄《吳起》48篇，已佚，今本《吳子》6篇包括《圖國》、《料敵》、《治兵》、《論將》、《變化》、《勵士》，是後人所託。

《吳子》的主要謀略思想是「內修文德，外治武備」。這些軍事思想和戰爭謀略，對後世產生了深遠的影響。

【旁注】

孔門十哲：即孔子門下最優秀的10名學生的合稱。他們是中國儒家學派早期的10名學者。他們是：子淵、子騫、伯牛、仲弓、子有、子貢、子路、子我、子游、子夏。

022

兵家代表吳起

司馬穰苴：也稱田穰苴，是繼姜尚之後一位承上啟下的著名軍事家。曾率齊軍擊退晉、燕入侵之軍，因功被封為大司馬。子孫後世稱司馬氏。其軍事思想卻影響巨大。

陰晉之戰：西元前389年，秦軍為奪取被魏佔領的河西地區，而動用50萬大軍攻魏。魏軍在名將吳起率領下，在陰晉以少勝多，擊敗了10倍於己的秦軍，保衛了河西策略要地，遏止了秦軍東進的勢頭。這場戰役也是中國古代戰爭史上以少勝多的著名戰役。

魏武侯（？～西元前370年）：姓姬名擊。魏文侯之子。戰國初期魏國國君與中原霸主。諡號「武侯」。他是魏國的第二代國君，在位期間將魏國的百年霸業再一次推向高峰。

楚悼王（？～西元前381年）：名疑。戰國時楚國國君。在位期間，先後伐周、韓等國。西元前391年被三晉打敗後，任用吳起為令尹變法圖強，北勝魏國，南收揚越，開拓了楚國疆土。

楚肅王（？～西元前370年）：原名熊臧，楚悼王子。在位期間，蜀伐楚，取茲方，楚被迫築扞關，進行防禦。西元前375年，魏攻楚，戰於榆關，韓國乘機而攻滅鄭國，並遷都至鄭。

魯穆公（？～西元前376年）：姓姬名顯。戰國初期魯國國君，是魯國第二十九任君主。在位33年。他注重禮賢下

上古時期—兵家智謀

士,曾隆重禮拜孔伋,即子思,諮以國事;容許墨翟在魯授徒傳道,組織學派,便魯國一度出現安定局面。

魏文侯(?～西元前396年):姓姬名斯,一曰都。戰國時期魏國的建立者。在位時禮賢下士,任用李悝、翟璜為相,樂羊、吳起為將。這些出身於小貴族或平民的士開始在政治、軍事方面發揮其作用,為魏國的強大作出了貢獻。

【閱讀連結】

魏武侯讓田文為相,吳起心裡不服,就和田文比功勞。

吳起說:「統領三軍,管理各級官員,鎮守西河地區,這三方面,你比我怎樣?」

田文說:「我不如你。」

吳起說:「那為什麼你的職位比我高?」

田文說:「國君年少,全國憂慮,大臣沒親附,百姓不信賴,在在這個時候,是由你來任相合適呢?還是由我來任相合適呢?」

吳起沉默了很久然後說:「應該由你來任相。」

田文說:「這就是我所以職位比你高的原因。」

吳起這才知道自己不如田文。

赫赫戰神白起

赫赫戰神白起

白起（？～西元前257年），楚白公勝之後，故又稱公孫起。生於戰國時的郿。戰國時期秦國兵家奇才，赫赫戰神。中國歷史上自孫武和吳起之後又一個傑出的軍事家和統帥。

論打殲滅戰，千載之下，無人出其右。

白起素以深通韜略著稱。

西元前294年，秦昭襄王任命白起為左庶長，率軍攻打韓國的新城。第二年，白起升任左更並出任主將。同年，韓、魏兩國聯軍進駐伊闕與秦軍對峙。

在抗擊韓、魏兩國聯軍的戰爭中，秦國方面兵力不及韓、魏聯軍的一半。聯軍方面韓軍勢單力薄，希望魏軍主動進攻，而魏軍倚仗韓軍精銳，想讓韓軍打頭陣。

秦軍主將白起利用韓、魏兩國聯軍想保留實力、互相推諉、不肯先戰的弱點，先設疑兵牽制韓軍主力，然後集中兵力出其不意猛攻魏軍。

魏軍的戰敗，致使韓軍潰敗而逃。秦軍乘勝追擊，取得大勝。

上古時期─兵家智謀

在伊闕之戰，秦軍共斬首24萬，占領5座城池。魏軍主將公孫喜被俘後遭處決。白起因功升任國尉。

稍後，白起趁韓、魏兩國在伊闕之戰慘敗之機，率兵渡過黃河，奪取了安邑至干河的大片土地。

西元前292年，白起升任大良造，率軍攻打魏國，奪取魏城；攻下垣邑，但沒有占領。

西元前291年，白起率軍攻打韓國，奪取了宛、葉。西元前289年，白起率軍奪取了蒲阪、皮氏等魏國大小城池61座。

西元前282年，白起率軍攻打趙國，奪取了茲氏和祁。次年，又奪取了藺和離石。

西元前280年，白起再次攻打趙國，奪取了代和光狼城。

這時，白起在分析了秦楚兩國形勢後，決定採取直接進攻楚國統治中心地區的策略，於西元前279年率軍沿漢水東下，攻取沿岸重鎮。

白起命秦軍拆除橋梁，燒毀船隻，自斷歸路，以此表示決一死戰的信心，並在沿途尋找食物，補充軍糧。而楚軍因在本土作戰，將士只關心自己的家庭，沒有鬥志，因而無法抵擋秦軍的猛攻，節節敗退。

秦軍長驅直入，迅速攻取漢水流域要地鄧城，直抵楚國別都鄢城。鄢城距離楚國國都郢很近，楚國集結重兵於此，

赫赫戰神白起

阻止秦軍南下。

就在秦軍久攻不下之時，白起利用蠻河河水從西山長谷自城西流向城東的有利條件，在鄢城500公尺處築堤蓄水，修築長渠直達鄢城，然後開渠灌城。經河水浸泡的鄢城東北角潰破，城中軍民被淹死數十萬人。

攻克鄧、鄢城後，白起又率軍攻占西陵。隨後不久，白起隨秦昭襄王參加了澠池之會。

西元前278年，白起再次出兵攻打楚國，攻陷楚國國都郢，燒毀其先王陵墓夷陵，向東進兵至竟陵，楚頃襄王被迫遷都於陳。

此戰秦國占領了楚國洞庭湖周圍的水澤地帶、長江以南以及北到安陸的大片土地，並在此設立南郡。白起因功受封為武安君。

西元前277年，秦昭襄王任命白起為主將、蜀郡郡守張若為副將，奪取了楚國的巫郡和黔中郡。在春申君的調解下，秦昭襄王才與楚國結盟休戰。

西元前262年，秦軍向東進攻，趙王派老將廉頗鎮守長平。秦軍不斷挑戰，廉頗堅守不出，雙方長久相持。秦軍散布廉頗要謀反的謠言，目的是讓趙王換掉廉頗。趙王果然上當，派趙括來代替廉頗。

趙括只懂得紙上談兵，沒有多少實戰的經驗，輕敵出

上古時期─兵家智謀

擊。秦國將領白起設伏兵包圍趙括軍隊,並截斷趙軍糧道。秦昭襄王親至河內,悉發成年男子到長平助戰。趙軍被圍困46天,草糧斷絕,拚死突圍,趙括被射死,白起收趙降兵40餘萬。

這場戰爭由於秦取得全勝,由其統一的形勢已成不可逆轉,從此急轉直下。長平之役,標示著以群國林立、兼併戰爭頻繁為特徵的戰國時代將終結,一個史無前例的中央集權帝國就要降臨了。

後來,白起因主張放棄攻打趙國,與秦昭襄王意見相左。秦昭襄王不聽從白起的勸告,於西元前258年派兵攻打邯鄲。趙國軍民奮起反抗,秦軍主將陣亡,最後也沒有取得什麼成果。

此時,秦昭襄王又派人動員白起說:「現在趙國士兵死於長平之戰的有十分之七八,趙國虛弱,希望您能領兵出戰,一定能消滅趙國。您以少敵多,都能大獲全勝,更何況現在是以強攻弱,以多攻少呢?」

白起說:「秦國在長平大敗趙軍,不趁趙國恐慌時滅掉它,反而坐失良機,讓趙國得到時間休養生息,恢復國力。現在趙國軍民上下一心,上下協力。如果攻打趙國,趙國必定拚死堅守;如果向趙軍挑戰,他們必定不出戰;包圍其國都邯鄲,必然不可能取勝;攻打趙國其他的城邑,必然不可

能攻下；掠奪趙國的郊野，必然一無所獲。我只看到攻打趙國的危害，沒有看到有利之處。」白起從此稱病不起。

秦昭襄王聽到派去的人回來彙報，極為震怒，說：「沒有白起我就不能消滅趙國嗎？」

於是發兵攻打趙國。結果秦軍包圍趙都邯鄲八九個月，死傷人數很多，也沒有攻下。

趙軍不斷派出輕兵銳卒，襲擊秦軍的後路，秦軍損失很大。這時白起說：「秦王不聽我的意見，現在怎麼樣了？」

秦昭襄王得知後大怒，親自去見白起，強迫他前去赴任。

白起叩頭對秦王說：「我知道出戰不會取得成功，但可以免於獲罪；不出戰雖然沒有罪過，卻不免會被處死。希望大王能夠接受我的建議，放棄攻打趙國，在國內養精蓄銳等待諸侯內部產生變故後再逐個擊破。」

秦昭襄王聽後轉身而去。

秦昭襄王免去了白起的官爵，將其貶為普通士卒，命其離開咸陽。但白起患病，沒有立即動身。過了3個月，前方秦軍戰敗的消息接踵而來，秦昭襄王更加憤怒，於是驅逐白起。

白起走出咸陽西門5,000公尺，接到秦昭襄王派使者賜給他的一把劍，命他自盡。

上古時期─兵家智謀

白起仰天長嘆道:「我到底有什麼過錯竟落得這般結果?」

過了一會又說,「我本來就該死。長平之戰趙國投降的士兵有幾十萬人,我用詐欺之術把他們全都活埋了,這足夠死罪了。」

白起隨後自殺。

白起被賜死後,秦國人都同情他有功無罪而死,大小城邑都祭祀他並自發在咸陽為其修建祠堂。至秦朝建立後,封其子白仲於太原,白起的後代子孫世代為太原人。

後人總結出白起作戰有4個特點:

一是不以攻城奪地為唯一目標,而是以殲敵有生力量作為主要目的的殲滅戰思想,而且善於野戰進攻,戰必求殲。這是白起最為突出的特點。

二是為達到徹底殲滅敵人的目的,強調對敵人窮追猛打,較孫武的「窮寇勿追」及商鞅的大戰勝利後追殘敵不過5,000公尺,顯然前進一步。

三是重視野戰工事,先誘敵軍脫離設壘陣地,再在預期殲敵地區建築堡壘阻敵,並防其突圍。此種以築壘工事作為進攻輔助手段的主要作戰思想,在當時是前所未有的。四是精確進行戰前分析,不論敵我雙方軍事,政治,國家態勢甚至第三方可能採取的應對手段等皆有精確分析,無一不中,能未戰即可知勝敗。故而司馬遷稱讚白起為「料敵合變,出

奇無窮，聲震天下」。

白起是中國歷史上戰功最輝煌的將軍，戰國時期最為顯赫的大將，征戰沙場35年。

《史記・范雎蔡澤列傳》中說，因為白起的存在，六國不敢攻秦。一個將領到了這樣的一種地步，這在戰爭史上是很少見的。他為秦國的統一大業立下了舉世之功。

【旁注】

秦昭襄王（西元前325～前251年）：嬴姓，名則，一名稷。秦惠文王之子，秦武王之弟。諡號「昭襄王」。在位期間，秦國繼續擴張。昭王在位時間長久，任用包括魏冉、范雎、白起等名臣，治軍備戰，富國強兵，使秦國奠定了一統天下的基礎。

左庶：長爵位名。秦、漢二十等爵的第十級。左庶長是秦國沿用了幾百年的官名，是最有實權也是最重要的軍政大臣。在秦國的兩個庶長中，左庶長為首，右庶長次之。商鞅曾擔任左庶長職務。

大良造：又稱大上造。秦孝公時為秦國國內最高官職，掌握軍政大權。秦惠文王之後為爵名，位列二十等軍功爵制第十六位。秦國一些立有軍功者或名臣都獲封大良造，如商鞅、公孫衍、白起等。

上古時期—兵家智謀

楚頃襄王：簡稱楚襄王，姓名熊橫。楚懷王之子，生母鄭袖。楚頃襄王在位期間，淫樂無度，「群臣相妒以功，諂諛用事」。秦昭襄王詐以公主許配給楚頃襄王，屈原長跪城外力諫不果。秦軍趁頃襄王開城迎親，長驅直進，攻入楚都郢，時為西元前278年。屈原投河自盡。

春申君：本名黃歇。楚國江夏人，我戰國時期楚國公室大臣，是著名的政治家。與魏國信陵君魏無忌、趙國平原君趙勝、齊國孟嘗君田文並稱為「戰國四公子」，曾任楚相。遊學博聞，善辯。西元前262年，被封為春申君。

商鞅（？～西元前338年）：又稱公孫鞅，衛鞅，因封於商地，號為商君，故稱之為商鞅。衛國國君的後裔。戰國時代政治家、改革家、軍事統帥，法家代表人物。商鞅透過變法改革將秦國打造成富裕強國，史稱「商鞅變法」。

司馬遷（西元前145年或前135年～約前87年）：字子長。生於西漢時夏陽。西漢史學家、文學家。所著《史記》是中國第一部紀傳體通史，被魯迅稱為「史家之絕唱，無韻之離騷。」司馬遷被後人尊為「史聖」。

【閱讀連結】

白起的父親曾經隨秦軍四處征戰，建立過不少戰功。

自從有了兒子，他便給兒子起名為「起」，希望兒子將來

赫赫戰神白起

能夠像戰國名將吳起那樣所向披靡，屢立戰功。

當白起剛剛成年的時候，父親就把他送進軍營，使他從小就受到軍旅的薰陶。白起不負父望，從小就酷愛軍事，加上他聰明好學，勤於思考，喜歡研究各家兵法，又長期生活在軍旅之中，既有軍事理論，又具實踐經驗，久而久之，便熟練掌握了軍事這項本領，成了一位用兵如神的傑出將領。

上古時期—兵家智謀

智勇戰將王翦

王翦，生於戰國時期關中頻陽縣。秦代傑出的軍事家，是繼白起之後秦國的又一位名將。

秦昭襄王時破趙國都城邯鄲，秦始皇時以秦國絕大部分兵力消滅楚國。與白起、廉頗、李牧並稱「戰國四大名將」。

白起自殺後，秦昭襄王拜王翦為將，統領大軍。

在拜將之日，王翦在朝廷上大聲地說了自己的意見：「我們不能等，韓魏趙雖然戰勝了大秦的軍隊，但是他們因此也元氣耗盡了。在他們是更需要停戰修養。雖然我們偉大的秦軍也遭受一些挫折，但是我們的元氣未損，同時士氣不衰反漲。」

「更重要的是今年巴蜀穀米大熟，而東方六國正在遭遇蝗蟲災害，他們的國力下降，而我們的國力上升。現在正是我們滅掉六國的最好的時機，時不我待。大王，我們出兵吧！」

秦昭襄王馬上應允。於是，就在秦軍包圍趙都邯鄲數月、損兵折將退卻後不久，王翦率領30萬大軍在各州縣充足的糧草輜重供應下，只攜帶了輕便的武器就出關而去。

此時，秦軍重灌都已經在各地的前沿等候王翦了，等王翦輕騎軍一到，人馬再和武器結合，就形成了秦軍戰無不勝的戰鬥力。

秦軍此來，一因秦昭襄王親征；二因王翦為將，兵勢極盛，銳不可當。而王翦又是一個善於鬥心的戰將，往往秦軍軍力未到，聲勢就先一步威懾趙軍了。

趙軍在強大的秦軍面前一觸即潰。幾乎兵不血刃，九個趙城被拿下。面對孤城邯鄲，王翦實施了三面的包圍。終於在被困341天後，已經餓得面黃肌瘦的趙國都城邯鄲人出城門投降了。

西元前238年，秦王政剷除了丞相呂不韋和長信侯嫪毐，開始親政。他雄心勃勃，決心乘勝追擊，吞併六國，實現統一天下的大業。

楚國地處江南，地大物博，兵源豐富，是個強勁的敵手。這次伐楚，秦王政不得不格外謹慎。

那麼選誰掛帥出征才能萬無一失，一舉成功呢？

秦王政經過反覆篩選，認為只有兩個人可以勝任：一個是年輕有為、血氣方剛的李信；一個是身經百戰、深謀遠慮的老將王翦。權衡利弊，兩人各有長短，秦王政一時猶豫不決。各位大臣又各持己見，莫衷一是。

於是秦王政決定親自和兩人當面對策，再作決定。

上古時期—兵家智謀

秦王政坐殿,問李信:「攻打楚國,需多少人馬?」

李信昂首挺胸,十分自信地回答說:「不過20萬!」

秦王政又回頭問王翦。

王翦沉思片刻,回答說:「以臣之見,非60萬人馬不可。」

秦王政聽完沉思了一會,笑了笑,對王翦說:「王將軍到底是老了。」

秦王政即刻任命李信為帥,即日出征討伐楚國。

王翦看著秦王政對剛愎自用的李信深信不疑,必敗無疑,本想再諫,又怕弄不好還會引起秦王政的懷疑,招來殺身之禍。就向秦王政請求告老還鄉。

秦王政以為王翦年老無用,寒暄幾句,也不強留。

李信一路耀武揚威,根本不把楚軍放在眼裡。

楚軍看李信年輕氣盛,如此狂妄,不覺心中暗喜。他們有意誘敵深入,佯裝潰退。

李信求功心切,輕敵冒進,長驅直入。

楚軍避實就虛,迂迴運動,乘秦軍不備,突然出擊,切斷其後路,使秦軍首尾不能照應,連斬秦將7員。李信陷入楚軍重圍,多虧眾將拚死相救,才得逃脫。

秦王政聞訊,十分震驚,這才恍然大悟,深悔自己耳目

不明，用錯了人，寒了老將軍王翦的心。

秦王政親率人馬到王翦的故鄉頻陽，向王翦賠禮道歉。

王翦藉口有病，不見。

秦王政在頻陽整整等候了3天。秦王政明白王翦有氣，再三賠罪，但王翦仍不肯答理。

秦王政心想，按王翦的為人不該如此，於是說：「莫非將軍有什麼難言之隱？儘管說，朕一概答應就是了。」

王翦這才說：「大王如果一定要臣出征，仍非60萬人馬不可。」

秦王政滿口答應。

王翦根據以往長期作戰經驗，知道楚軍和趙軍都具有堅強的戰鬥意志，是能戰能守的軍隊。楚軍最近擊破李信指揮的秦軍，銳氣旺盛，鬥志昂揚，對付這樣的敵人，不僅沒有勝利的把握，一旦行動不慎，還會影響整個戰爭前途。

王翦進入楚國後，即令部隊在商水、上蔡、平輿一帶地區構築堅壘，進行固守，並令部隊不許出戰。休整待命，故雙方相持數月沒有大的交戰。

楚對秦軍大舉東進，也集中全部兵力應戰。當時秦已滅三晉，無後顧之憂，有物力的大量支援，能夠打持久戰。楚則無論軍事、政治都遠為落後。統帥項燕仍然集中楚軍主力於壽春淮河北岸地區等待秦軍的進攻。

上古時期─兵家智謀

楚王責怪項燕怯戰，派人數度催他主動進攻秦軍。項燕軍只得向秦軍進攻，但既攻不破秦軍的營壘，秦軍又拒絕出戰，項燕無奈，引軍東去。

王翦立即令全軍追擊楚軍，楚軍為渦河所阻，雙方交手，楚軍被擊破東逃。秦軍追至蘄南，平定楚屬各地。斬殺楚將項燕，王翦率兵直取楚國都城壽春，楚國首都被秦軍攻陷，楚王被俘。

接著，秦軍在王翦指揮下，馬不停蹄地渡過長江，占領了吳越之地。

第二年，王翦便平定了楚國的屬地，統一了長江流域。秦在楚地設南郡、九江郡和會稽郡。

王翦得勝班師回到秦都咸陽，秦王政為他舉行慶功宴會。在慶功宴會上，王翦向秦王政要求告老還鄉。

此後，王翦便回到家鄉，過著農耕生活，終老於家。

【旁注】

邯鄲：位於河北省南端。邯鄲歷史悠久，文化燦爛，是中華文明的重要發祥地之一。戰國時期，邯鄲作為趙國都城達 158 年之久，是中國北方的政治、經濟、文化中心；秦統一天下後，為天下三十六郡郡治之一。

李信：戰國末期的秦國名將，在滅燕國之戰中立有大功。

後領兵攻打楚國，先是一路凱歌，後被楚大破，之後李信的行蹤便不見於史書。為漢「飛將軍」李廣的五世始祖。

壽春：坐落於淮河中游南岸。壽縣是中國歷史文化名城之一，壽春為壽縣縣城。西元前241年楚考烈王自陳遷都壽春。壽春古城建築以其獨特的魅力享譽海內外。

秦始皇（西元前259年～前210年）：即嬴政，也稱趙政。秦莊襄王之子。戰國時秦國國君，秦王朝的建立者。在位37年，稱王25年，稱帝12年。他統一了古代中國，結束了當時四分五裂的局面，對中國和世界歷史產生了深遠影響。

呂不韋（？～西元前235年）：出生於衛國濮陽。在趙國邯鄲經商時結識質於邯鄲的秦王孫異人，認為「奇貨可居」，遊說秦國立子楚為嫡嗣。後做秦國丞相。他是中國歷史上著名的政治家和思想家，也是雜家思想的代表人物。他還組織編寫了《呂氏春秋》。

項燕（？～西元前223年）：楚國下相，戰國末年楚國著名將領。他是抗秦名將項梁之父，西楚霸王項羽的祖父。曾大敗秦將李信。

【閱讀連結】

王翦出生在一個武將世家，很早就識得刀槍。

那時諸侯爭雄，為了爭奪土地和人民，各國勾心鬥角，

到處發動戰爭，燒殺搶掠，戰士白骨暴野，百姓生靈塗炭。

看著滿目瘡痍、哀鴻遍野的大地，慘遭荼毒、流離失所的百姓，青少年時代的王翦心裡十分難過。他下定決心練好武藝，熟讀兵書，將來報效國家，平定天下。

剛滿18歲，王翦就報名應徵，馳騁於疆場。在成長過程中，王翦認真研究孫武的兵書，對統兵作戰有自己的理解，對戰爭的見地每每讓人刮目相看。

德聖武神廉頗

廉頗（西元前 327 年～前 243 年），今山西省太原人。戰國末期趙國的名將，與白起、王翦、李牧並稱「戰國四大名將」。

由於列國史書都已經被秦始皇焚燒，從僅存的記載中我們可以看到，廉頗對國家赤膽忠心，不畏生死，對個人寬宏大度，心地純淨，以至於被後人譽為「德聖」、「武神」、「國棟」。

趙惠文王剛執政趙國時，七國之中以齊國最為強盛，齊與秦各為東西方強國。秦國欲東出擴大勢力，趙國當其衝要。為掃除障礙，秦王曾多次派兵進攻趙國。廉頗統領趙軍屢敗秦軍。

由於趙國廉頗的抵抗，秦被迫改變策略，於西元前 285 年與趙相會講和，以聯合韓、燕、魏、趙五國之師共同討伐齊國，大敗齊軍。

在這個過程中，廉頗於西元前 283 年帶趙軍伐齊時，長驅深入齊境，攻取陽晉，威震諸侯，而趙國也隨之躍居六國之首。廉頗班師回朝，拜為上卿。

上古時期—兵家智謀

秦國當時之所以虎視趙國而不敢貿然進攻,正是懾於廉頗的威力。此後,廉頗率軍征戰,守必固,攻必取,幾乎百戰百勝,名揚列國。

在廉頗帶趙軍伐齊時,趙王得到了一塊楚國原先丟失的名貴寶玉和氏璧。這件事情讓秦王知道了,他願意用15座城池來換和氏璧。

趙王派藺相如出使秦國。藺相如身攜和氏璧,充當趙使入秦,並以他的大智大勇完璧歸趙,取得了對秦外交的勝利。

這時,秦王欲與趙王在澠池會盟言和,趙王非常害怕,不願前往。廉頗和藺相如商量認為趙王應該前往,以顯示趙國的堅強和趙王的果敢。

趙王與藺相如同往,廉頗相送。

廉頗與趙王分別時說:「大王這次行期不過30天,若30天不還,請立太子為王,以斷絕秦國要挾趙國的希望。」

廉頗的大將風度與周密安排,為趙王大壯行色。再加上藺相如澠池會上不卑不亢的與秦王周旋,毫不示弱地回擊了秦王施展的種種手段,不僅為趙國挽回了聲譽,而且對秦王和群臣產生震懾。

最終,趙王平安歸來。

澠池之會後,趙王認為藺相如功大,就拜他為上卿,地

位竟在廉頗之上。廉頗對藺相如封為上卿心懷不滿，認為自己作為趙國的大將，有攻城擴疆的大功，而地位低下的藺相如只動動口舌卻位高於自己，叫人不能容忍。他公然揚言要當眾羞辱藺相如。

藺相如知道後，並不想與廉頗去爭高低，而是採取了忍讓的態度，這讓廉頗深受感動。他選擇藺相如家賓客最多的一天，身背荊條，赤膊露體來到藺相如家中，請藺相如治罪。

從此兩人結為刎頸之交，生死與共。

「將相和」的故事所展現出的情感催人淚下，感人奮發。而廉頗勇於改過，真誠率直的性格，更使人覺得可親可愛。

西元前 276 年，廉頗向東攻打齊國，攻陷 9 城，次年廉頗再攻也取得了不小的戰果。正是由於廉、藺交和，使得趙國內部團結一致，盡心報國，使趙國一度強盛，成為東方諸侯阻擋秦國東進的屏障，秦國以後長時間不敢攻趙。

西元前 266 年，趙惠文王去世，趙孝成王執政。這時，秦國採取范雎和遠方的國家結盟而與相鄰的國家為敵的謀略，一邊跟齊國、楚國交好，一邊攻打臨近的小國。

西元前 260 年，秦國進攻韓國上黨。上黨的韓國守軍孤立無援，太守便將上黨獻給了趙國。於是，秦趙之間圍繞著爭奪上黨地區發生了戰爭。

上古時期—兵家智謀

這時，趙國名將趙奢已死，藺相如病重，執掌軍事事務的只有廉頗。於是，趙孝成王命廉頗統帥 20 萬趙軍阻秦軍於長平。

在當時，秦軍已切斷了長平南北聯繫，士氣正盛，而趙軍長途跋涉而至，不僅兵力處於劣勢，態勢上也處於被動不利的地位。

面對這一情況，廉頗正確地採取了築壘固守，疲憊敵軍，相機攻敵的作戰方針。他命令趙軍憑藉山險，築起森嚴壁壘。儘管秦軍數次挑戰，廉頗總是嚴肅部眾，堅壁不出。

同時，他把上黨地區的民眾集中起來，一面從事戰場運輸，一面投入築壘抗秦的工作。趙軍森嚴壁壘，秦軍求戰不得，無計可施，銳氣漸失。廉頗用兵持重，固壘堅守 3 年，意在挫敗秦軍速勝之謀。

秦國看速勝不行，便使反間計，讓趙王相信，秦國最擔心、最害怕的是用趙括替代廉頗。趙王求勝心切，終於中了反間計，認為廉頗怯戰，強行罷廉頗職，用趙括為將。

趙括代替了廉頗的職務後，完全改變了廉頗制定的策略部署，撤換了許多軍官。

秦國見使用趙括為將，便暗中啟用白起率兵攻趙。結果大敗趙括軍於長平，射殺了趙括，致使趙國損失近 50 萬精銳部隊。

秦在長平之戰取得勝利後,接受了趙割地請和的要求。但趙王對於事後的割地決定不履行和約,並積極備戰。秦昭王大怒,盡兵攻趙,並於西元前259年10月間兵圍都城邯鄲,邯鄲軍民誓死抵抗。

西元前258年正月,此時邯鄲被圍將近4個月,城內兵員損耗和糧食供給已顯危機,人心在冬季更顯得脆弱。但在廉頗、樂乘諸位良將的率領下,趙軍依然士氣高昂。

10月,邯鄲城處於最危急的時候,糧草早已斷絕,趙軍依舊不屈地抵抗著。

由此可見,一個國家、一個民族、一個部隊所具有的慷慨悲涼的氣質、血氣尚武的傳統、同心志協的風氣是多麼的重要。

此時,燕國丞相栗腹以給趙王祝壽為名,出使趙國,偵探趙國虛實。

栗腹回國後向燕王建議:「乘此良機攻趙必勝。燕將樂間認為趙國連年同秦作戰,百姓熟悉軍事,若興兵攻趙,燕軍一定會敗,堅決反對出兵。」

燕王喜不聽樂間勸告,決意發兵攻趙國。他派栗腹為將,領兵60萬乘兵分兩路大舉進攻趙國。栗腹令部將卿秦率軍20萬攻代,自率主力40萬攻鄗。

趙孝成王令上卿廉頗、樂乘統兵13萬前往抗擊。廉頗分

析燕軍的來勢後認為，燕軍雖然人多勢眾，但驕傲輕敵，加之長途跋涉，人馬睏乏，遂決定採用各個擊破的方略。

廉頗令樂乘率軍 50,000 兵士堅守代，吸引攻代燕軍不能南下援救，自率軍 80,000 兵士迎擊燕軍主力於鄗。趙軍同仇敵愾，決心保衛國土，個個奮勇衝殺，大敗燕軍，斬殺其主將栗腹。

攻代燕軍聞聽攻鄗軍大敗，主帥被殺，軍心動搖。趙將樂乘率趙軍趁機發起攻擊，迅速取勝。兩路燕軍敗退。廉頗率軍追擊 250 公里，直入燕境，進圍燕都薊。

燕王只好割讓 5 座城邑求和，趙軍始解圍退還。戰後，趙王封廉頗為信平君，任相國。

在此戰中，趙軍在名將廉頗的指揮下，利用燕軍輕敵、疲勞之弊，趙軍同仇敵愾利，對來範之敵予以痛擊，最後取得勝利。這是中國歷史上以少勝多的著名戰例。

這次戰鬥提升了趙國於七國中地位，鍛鍊了趙軍作戰能力更重要的是恢復了作戰的自信，增強了趙國實力和國家安全係數，發現並鍛鍊了趙國將領。

在此戰中，一批新的戰將脫穎而出，讓趙人看到除了老將廉頗外還有更多優秀的將軍，趙國的中興似乎仍有希望。

西元前 245 年，趙孝成王去世，其子趙悼襄王繼位。趙悼襄王聽信了奸臣郭開的讒言，解除了廉頗的軍職，派樂乘

代替廉頗。廉頗因受排擠而發怒，打擊樂乘，樂乘逃走。廉頗也離趙投奔魏國大梁。

廉頗去大梁住了很久，魏王雖然收留了他，卻並不信任和重用他。

趙國因為多次被秦軍圍困，趙王想再任用廉頗，廉頗也想再被趙國任用。趙王派遣使者去帶著一副名貴的盔甲和4匹快馬到大梁去慰問廉頗，看廉頗是否可用。

廉頗的仇人郭開唯恐廉頗再得勢，暗中給了使者很多金錢，讓他說廉頗的壞話。趙國使者見到廉頗以後，廉頗在他面前一頓飯吃了一斗米，10斤肉，還披甲上馬，表示自己還可有用。

但使者回來向趙王報告說：「廉將軍雖然老了，但飯量還很好，可是和我坐在一起，不多時就去了3次廁所。」

趙王認為廉頗老了，就沒任用他，廉頗也就沒再得到為國報效的機會了。

楚國聽說廉頗在魏國，就暗中派人迎接他入楚。廉頗擔任楚將後，沒有建立什麼功勞。他常常流露出對故國鄉親的眷戀之情。

但趙國終究未能重新啟用他，致使這位為趙國作出過重大貢獻的一代名將，憂鬱不樂，最終死在楚國的壽春，年約85歲。10多年後，趙國被秦國滅亡。

上古時期—兵家智謀

【旁注】

和氏璧：又稱荊玉、荊虹、荊璧、和璧、和璞。傳為琢玉能手卞和在湖北省荊山發現，初不為人知，後由楚文王賞識，思索成器，命名為和氏璧。是中國歷史上著名的美玉。與隨侯珠齊名，共為天下兩大奇寶。

范雎（？～西元前255年）：也叫范且，字叔。戰國時魏人，著名政治家、軍事謀略家。他同商鞅、張儀、李斯先後任秦國丞相，對秦的強大和統一天下發揮重大作用。

上黨：位於山西省東南部，是古時對長治的雅稱。《荀子》稱為「上地」。「上黨」的意思，就是高處的、上面的地方，即「居太行山之巔，地形最高與天為黨也」，因其地勢險要，自古以來為兵家必爭之地，素有「得上黨可望得中原」之說。

郭開：名優，是趙悼襄王身邊的紅人，也是趙國的兩朝元老。雖談不上威名赫赫，論其個人官場能力和辦事手段，在趙國近200年歷史上，還是不可忽視的一個人。比如對白起、廉頗的讒言，就導致了兩人命運發生了根本性地逆轉。

栗腹：戰國末期燕國人。燕國丞相。曾經勸燕王攻趙國，自己和卿秦率兵攻打，結果自己和卿秦雙雙被俘，留在趙國。

048

樂乘：戰國時代趙國名將。原在燕國為將。西元前251年，燕國攻打趙國，趙將廉頗大敗燕軍，燕國相栗腹和樂乘被俘虜，樂乘棄燕歸趙。趙國封樂乘為武襄君。趙悼襄王使樂乘代廉頗。廉頗攻樂乘，樂乘離開，廉頗流亡魏國。

藺相如（西元前329年～前259年）：今山西省柳林孟門人，另一說山西古縣藺子坪人。戰國時趙國上卿，趙國宦官頭目繆賢的家臣，戰國時期著名的政治家、外交家。生平最重要的事蹟有「完璧歸趙」、「澠池之會」與「負荊請罪」這三個事件。

【閱讀連結】

戰國時，趙國為抗擊秦軍，派大將廉頗屯兵長平。

據說有一天，廉頗到摩天嶺巡視陣地，發現山腰有大量黃沙。為迷惑秦軍，廉頗便令士卒用牛皮和葦蓆，在山中修起一座座「糧倉」，又暗令士卒於夜間拉運黃沙，裝入倉中。

秦兵見趙軍糧積如山，不敢輕易來犯，直至長平之戰趙軍大敗後，秦軍來起運糧食時，才發現倉中裝的全是黃沙。後人便將此山稱為大糧山，把摩天嶺改稱營防嶺。

常勝將軍李牧

李牧（？～西元前229年），生於戰國時期趙國柏仁。戰國時期的趙國將領。封「武安君」。與白起、王翦、廉頗並稱「戰國四大名將」。

李牧是戰國末年東方六國最傑出的將領之一，他戰功顯赫，生平未嘗一敗仗。後世有人將李牧的被害與趙國的滅亡聯繫在一起，可見他的歷史性地位。

西元前309年，趙武靈王時期，下令國中推行「胡服騎射」，進行了一系列改革，軍事力量逐漸強大，屢敗匈奴等北方胡人部落。但到了趙惠文王、趙孝成王時期，匈奴各部落軍事力量逐步恢復強大起來，並不斷騷擾趙國北部邊境，趙惠文王便派李牧帶兵獨當北部戍邊之責。

在抗擊匈奴的鬥爭中，李牧即表現出傑出的軍事才能。

為了有利於戰備，李牧首先爭取到趙王同意，自己有權根據需要安排官吏。另外，本地的田賦稅收也全部歸帥府，用作軍事開支。

李牧針對趙軍和匈奴軍的特點，深思熟慮之後，採取了一系列的軍事經濟措施。他將邊防線的烽火臺加以完善，派

精兵嚴加看守,同時增加情報偵察人員,完善情報網,及早預警。

針對剽悍的匈奴騎兵機動靈活、戰鬥力強及以掠奪為主要作戰目的,軍需全靠搶掠的特點,為使竄擾的敵騎兵徒勞無功,他命令堅壁清野,並示弱於敵,以麻痺強敵,伺機殲敵。

為此,嚴明軍紀:「匈奴入盜,急入收保,有敢捕虜者斬」,所以每當匈奴入侵邊境,烽火臺一報警,李牧即下令士兵立即收拾物資退入城堡固守,從不出戰,使匈奴無從擄掠。

這樣過了幾年,李牧沒有人員傷亡,也沒有損失過物資。

然而,時間一長,匈奴兵將總以為李牧膽小怯戰,根本不把他放在心上;就是趙國邊兵們也在下面竊竊私議,以為李牧膽小怯戰,有的憤憤不平。

李牧一意堅守不主動出擊的消息傳到趙孝成王那裡,趙孝成王派使者責備李牧,要李牧出擊。李牧老謀深算,意欲放長線釣大魚,也不作解釋,我行我素,依然如故。

匈奴一來,即深溝高壘,堅守不出。匈奴往往滿懷企望而來,卻一無所獲而歸。

趙王聽說李牧仍然一味防守,認為他膽怯無能,滅了自己威風,很生氣,立即將李牧召回,派另外一員將領來替代。

上古時期—兵家智謀

　　新將領一到任，每逢匈奴入侵，即下令軍隊出戰，幾次都失利，人員傷亡很大，而且邊境不安，百姓沒有辦法耕種和放牧。

　　趙王只得又派使臣去請李牧復職，李牧閉門不出，堅稱有病，不肯就任。

　　趙王不得已，只得下令強令李牧出山。

　　李牧對趙王說：「您一定要用臣的話，臣還要和以前一樣。您答應了這個條件，我就赴任。」

　　趙王只好答應了他的請求。

　　李牧又來到雁門，堅持按既定方針辦，下令堅守。幾年內匈奴多次入侵，都一無所獲，還是以為李牧膽小避戰。

　　其實，李牧早已經定下誘敵深入，設伏包殲的計謀，對種種屈辱罵名置之不理，而邊庭將士因為天天得到犒賞，卻沒有出力的機會，都希望能在戰場上效力。

　　李牧看條件成熟了，於是經過嚴格挑選戰車1,300輛，又挑選出精壯的戰馬13,000匹，勇敢善戰的士兵50,000人，優秀射手10萬人。然後把挑選出來的車、馬、戰士通通嚴格編隊，進行多兵種聯合作戰演習訓練。一切準備就緒後，李牧設法引誘匈奴入侵。

　　西元前244年的春天，李牧讓百姓滿山遍野去放牧牲畜。不久，情報員來報告：「有小股匈奴到了離邊境不遠的地方。」

李牧派了一支小部隊出戰，佯敗於匈奴兵，丟棄下幾千名百姓和牛羊作為誘餌讓匈奴俘虜去。

匈奴單于王聽到前方戰報，十分高興，因久無繳獲，於是率領大軍侵入趙境，準備大肆擄掠。

李牧從烽火臺報警和情報員報告中熟悉了敵情，早在匈奴來路埋伏下奇兵。待匈奴大部隊一到，李牧為消耗敵軍，先採取守勢的協同作戰。

戰車陣從正面迎戰，限制、阻礙和遲滯敵騎行動；步兵集團居中阻擊；弓弩兵輪番遠端射殺；騎兵及精銳步兵控制於軍陣側後。當匈奴軍衝擊受挫時，李牧乘勢將控制的機動精銳部隊由兩翼加入戰鬥，發動鉗形攻勢，包圍匈奴軍於戰場。

經過幾年養精蓄銳訓練有素的趙軍將士們，早已摩拳擦掌，個個生龍活虎，向敵人撲了過去。彷彿是一架運轉嚴整的機器，兩翼包抄的 13,000 名趙軍騎兵彷彿兩把鋒利砍刀，輕鬆地撕開匈奴人看似不可一世的軍陣，在轉瞬間扼住 10 萬匈奴騎兵命運的咽喉。

一整天的會戰很快演變成一場對匈奴的追殲。10 萬匈奴騎兵全軍覆沒，匈奴單于僅帶了少量親信倉皇逃竄。

李牧大敗匈奴之後，又趁勝利之勢收拾了在趙北部的匈奴屬國，迫使單于向遙遠的北方逃去，完全清除了北方的憂患。

在取得輝煌戰績的勝利之後，匈奴懾於趙軍之威，10多年內不敢來入侵趙的邊境。李牧也因此成為繼廉頗、趙奢之後趙國的最重要的將領。

西元前246年以後，李牧曾因國事需要調回朝中，以相國身分出使秦國，訂立盟約，使秦國歸還了趙國之質子。

西元前245年，趙孝成王逝世，趙悼襄王繼位。西元前244年，廉頗的大將軍一職被取代，廉頗一怒之下，帶領自己部下，投奔魏國去了。當時，趙奢、藺相如已死，李牧成為朝中重臣。

西元前232年，秦王政派秦軍入侵。秦軍兵分兩路攻趙，以一部兵力由鄴北上，準備渡漳水向邯鄲進迫，襲擾趙都邯鄲。秦王政親率主力由上黨出井陘，企圖將趙攔腰截斷，進到番吾。

因李牧率軍抗擊，邯鄲之南有漳水及趙長城為依託，秦軍難以迅速突破。

李牧遂決心採取南守北攻，集中兵力各個擊破的方針。他部署司馬尚在邯鄲南據守長城一線，自率主力北進，反擊遠端來犯的秦軍。

兩軍在番吾附近相遇。李牧督軍猛攻，秦軍受阻大敗。李牧即回師邯鄲，與司馬尚合軍攻擊南路秦軍。秦南路軍知北路軍已被擊退後，料難獲勝，稍一接觸，即撤軍退走。

這次李牧擊退秦軍，是秦、趙兩國交戰中，趙國最後一次取得重大勝利。當時韓、魏已聽命於秦，尾隨秦軍攻趙，李牧為此又向南進軍，抵禦韓、魏的進攻。

西元前229年，趙國由於連年戰爭，再加北部地地震，大面積饑荒，國力已相當衰弱。秦王政乘機派大將王翦親自率主力進圍趙都邯鄲。趙悼襄王任命李牧為大將軍，率全軍抵抗入侵秦軍。

王翦知道李牧不除，秦軍在戰場上不能速勝，稟告秦王，再行反間故技，派奸細入趙國都城邯鄲，用重金收買趙悼襄王的近臣，讓他散布流言蜚語，說什麼李牧、司馬尚勾結秦軍，準備背叛趙國。

昏聵的趙王一聽到這些謠言，不加調查證實，立即派人去取代李牧。

李牧為社稷軍民計，拒交兵權，繼續奮勇抵抗。趙悼襄王便暗中窺探，乘其不備之時，命人加以捕獲殘殺，並罷黜廢免了司馬尚。

3個月後，王翦大破趙軍，滅掉了趙國。

李牧這位縱橫沙場的名將，最終死在了他所誓死保衛的趙國君臣的手中。他的無辜被害，使後人無不扼腕嘆恨！

上古時期—兵家智謀

【旁注】

胡服騎射：趙武靈王為了富國強兵，採用西方和北方民族的服飾，教人民學習騎射，史稱「胡服騎射」。其制上褶下袴，有貂蟬為飾的冠，金鉤為飾的具帶，足穿靴，便於騎射。此服通行後，其冠服帶履之制，歷代有變革。

單于：匈奴人對他們部落聯盟的首領的專稱，意為廣大之貌。單于始創於匈奴著名的冒頓單于的父親頭曼單于，之後這個稱號一直繼承下去，直至匈奴滅亡為止。

趙悼襄王（？～西元前236年）：姓嬴名偃，趙孝成王之子。戰國末期趙國君主，西元前245年繼位。他曾以李牧為將攻燕。西元前236年病卒。

趙武靈王（約西元前340年～前295年）：中國戰國中後期趙國君主，諡號「武靈」。在位時推行「胡服騎射」政策，趙國因而得以強盛。武靈王本人在前296年的沙丘之亂中被幽禁餓死。

趙長城：為趙武靈王時所築，故也稱趙武靈王長城。是供守邊戍卒瞭望和作戰用的。它起於代，沿陰山西行，止於高闕。

【閱讀連結】

李牧在邊關的歲月裡，非常注重密切官兵關係。

他深懂得這樣的道理：作戰中，軍官是指揮者，士兵則是直接衝鋒陷陣者，二者相互配合，指揮正確，將士用命，士卒勇搏，方能戰勝強敵；否則就會兵將離心，士不用命，導致作戰失敗。

為了增強士兵的體質，提高部隊戰鬥力，李牧每天都會殺幾頭牛犒勞士兵，還讓戰士勤練騎馬射箭戰術。全軍戰士由於得到厚遇，士氣高昂，人人奮勇爭先，衝鋒陷陣，願為國家出力效勞。

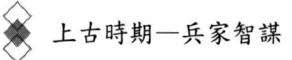

中古時期 —— 將帥風雲

　　秦漢至隋唐是中國歷史上的中古時期。在封建社會初步確立的秦漢時期，戰事不斷，將軍的重要性突顯。封建統治者為了加強軍事力量，千方百計選拔人才，一批驍勇善戰之將脫穎而出。隨著政治和戰爭格局的演變，武將的地位在戰亂中得以提升。尤其是在封建社會進入鼎盛時期的隋末唐初，猛將亮劍，在一定意義上確立了一個王朝的大業。

　　中古時期的這些將帥，能征慣戰，忠君報國，為江山社稷立下了汗馬功勞，更為後世為將之道建立了精神目標。

中華第一勇士蒙恬

蒙恬（？～西元前 210 年），祖籍齊國，今山東省人。秦始皇時期的著名將領。

他收復河套地區，是中國大陸西北地區最早的開發者，也是古代開發寧夏第一人。曾經修築長城，在北部邊陲防禦匈奴多年，威震北方，使「胡人不敢南下而牧馬」。被譽為「中華第一勇士」。

蒙恬出身於一個世代名將之家。祖父蒙驁為秦國名將，在秦昭王手下，官至上卿。蒙恬成長於武將之家，深受家庭環境的薰陶，自幼胸懷大志，立志衝鋒陷陣，報效國家。他天資聰穎，熟讀兵書，逐漸培養了較高的軍事素養。

西元前 221 年，蒙恬被封為將軍，親率大軍攻破齊都，實現了秦始皇夢寐以求的全國統一。蒙恬也因破齊有功被拜為內史，成為京城的最高行政長官。

正當秦國都城咸陽城裡歡慶勝利的時候，秦國北部邊境傳來匈奴頻繁騷擾並大舉南侵的消息。匈奴軍隊殺人放火，搶劫牲畜財物，邊疆人民苦不堪言。這時，秦國剛剛統一，

人心思定，軍民厭戰。

蒙恬不顧連年征戰的辛勞，接受北逐匈奴的命令，開赴河套一帶。

西元前215年，秦始皇以蒙恬為帥，統領30萬秦軍北擊匈奴，日夜兼程趕赴邊關。紮下大營後，蒙恬一邊派人偵察敵情，一邊親自翻山越嶺檢視地形。第一次交戰，就殺得匈奴人仰馬翻，四散潰逃。

西元前214年的春天，蒙恬跟匈奴人在黃河以北，進行了幾場戰爭，匈奴主力受重創。這幾場戰爭最具決定性的意義，匈奴人被徹底打敗，向遙遠的北邊逃竄。蒙恬並沒有辜負眾望，勘定河套，打得匈奴魂飛魄散。

經過河套之戰，當時的秦軍再無敵手，蒙恬也一躍成為秦帝國最為出色的將領。蒙恬勇敢作戰、出奇制勝、擊敗匈奴的大戰，是他一生征戰的最大的一次戰績，人們稱讚他是「中華第一勇士」。

在戰爭這期間，還發生了蒙恬和扶蘇的一段友情插曲。

秦始皇統一全國後，為了鞏固其政治統治，施行嚴酷的暴政。一場天下讀書人的災難席捲中華大地。

秦始皇大舉焚書坑儒，他的長子扶蘇竭力阻止，秦始皇非但不聽，反而把他貶到邊關，讓他監督蒙恬守衛邊疆。從

此,扶蘇和蒙恬就結下了不解之緣。

扶蘇初到邊關,甚為苦悶,蒙恬勸告他說,既來之則安之,守邊也很重要。扶蘇感到蒙恬待他誠懇熱心,便安下心來協助蒙恬訓練軍隊。兩人甚是投機,便成了無話不說的朋友,這為蒙恬的含冤而死埋下了伏筆。

在蒙恬打敗匈奴,拒敵千里之後,帶兵繼續堅守邊陲。他根據「用險制塞」以城牆來制騎兵的戰術,調動幾十萬軍隊和百姓築長城。

把戰國時秦、趙、燕三國北邊的防護城牆連線起來,建起了西起臨洮,東至遼東的長達 5,000 多公里的長城,用來保衛北方農業區域,免遭游牧匈奴騎兵的入侵。

蒙恬又於西元前 211 年,發遣 30,000 萬多名罪犯到兆河、榆中一帶墾殖,發展經濟,加強軍事後備力量。蒙恬又派人馬,從秦國都城咸陽至九原,修築了寬闊的道路,克服了九原交通閉塞的困境。

蒙恬還沿黃河河套一帶設定了 44 個縣,統屬九原郡,建立了一套治理邊防的行政機關。蒙恬和公子扶蘇還曾經多次上書秦始皇請求減免徭役,同時,和扶蘇商議如何合理安排人力,來減輕徭役。

蒙恬的這些措施,不但加強了北方各族人民經濟、文化的交流和融合,更重要的是對於調動軍隊,運送糧草器械物

資等具有重要戰略意義。

風風雨雨、烈日寒霜，蒙恬將軍駐守九郡10餘年，威震匈奴，受到始皇的推崇和信任。然而，英雄背後往往都隱藏著各色的小人，致使很多英雄經常不是戰死在沙場，而是飲恨不能善終。

蒙恬的死可以說是帶著悲壯、無奈與嘆惋。

早在蒙恬被封為將軍時，其弟蒙毅也位至上卿。蒙氏兄弟深得秦始皇的尊崇，蒙恬擔任外事，蒙毅常為內謀，當時號稱「忠信」。其他諸將都不敢與他們爭寵。蒙毅法治嚴明，從不偏護權貴，滿朝文武，無人敢與之爭鋒。

有一次，內侍趙高犯有大罪，蒙毅依法判其死罪，除去他的宦職，但卻被秦始皇給赦免了。從此時起，蒙氏兄弟便成了趙高的心病。

西元前210年冬，秦始皇趙政遊會稽途中患病，派身邊的蒙毅去祭祀山川祈福，不久秦始皇在沙丘病死，死訊被封鎖。

此時擔任中車府令的趙高想立公子胡亥，於是就同丞相李斯、公子胡亥暗中謀劃政變，立胡亥為太子。因早先趙高犯法，蒙毅受命公正執法，引起趙高對蒙氏的怨恨，因此，黑手就首先伸向了蒙氏。

秦始皇死後，趙高擔心扶蘇繼位，蒙恬得到重用，對自

己不利,就扣住遺詔不發,與胡亥密謀篡奪帝位。他又威逼利誘,迫使李斯和他們合謀,假造遺詔。

「遺詔」指責扶蘇在外不能立功,反而怨恨父皇,便遣使者以捏造的罪名賜公子扶蘇、蒙恬死。

扶蘇自殺,蒙恬內心疑慮,請求復訴。使者把蒙恬交給了官吏,派李斯等人來代替蒙恬掌兵,囚禁蒙恬於陽周。

胡亥殺死扶蘇後,便想釋放蒙恬。但趙高深恐蒙氏再次貴寵用事,對己不利,執意要消滅蒙氏,便散布在立太子問題上,蒙毅曾在始皇面前譭謗胡亥。胡亥於是囚禁並殺死了蒙毅,又派使者前往陽周去殺蒙恬。

使者對蒙恬說:「你罪過太多,況且蒙毅當死,連坐於你。」

蒙恬說:「自我先人直至子孫,為秦國出生入死已有3代。我統領著30萬大軍,雖然身遭囚禁,我的勢力足以背叛。但我知道,我應守義而死。我之所以這樣做,是不敢辱沒先人的教誨,不敢忘記先主的恩情。」

使者說:「我只是受詔來處死你,不敢將將軍的話傳報皇上。」

蒙恬長嘆道:「我怎麼得罪了上天?竟無罪而被處死?」沉默良久又說,「我的罪過本該受死,起臨洮,到遼東築長

城,挖溝渠一萬餘里,這其間不可能沒挖斷地脈,這便是我的罪過呀!」

於是吞藥自殺。

【旁注】

上卿:古代官名。在秦代,「三公九卿」是秦代官制的總體構架。秦代的「三公」是丞相、太尉和御史大史。秦代的「九卿」,是高級長官,分為上、中、下三級,即上卿、中卿、下卿。

河套:一般指賀蘭山以東、呂梁山以西、陰山以南、長城以北之地。包括寧夏平原和鄂爾多斯高原、黃土高原的部分地區,今分屬寧夏、內蒙古、陝西。黃河在這裡先沿著賀蘭山向北,再由於陰山阻擋向東,後沿著呂梁山向南,形成「幾」字形,故稱「河套」。

扶蘇(?~西元前210年):姓嬴,是秦始皇的長公子。後被趙高、李斯等人謀殺,改立公子胡亥為帝。扶蘇素有賢名,天下尚不知扶蘇已然冤死,或有言「少子,不當立,當立者乃公子扶蘇」,後來陳勝、吳廣起事反秦二世之時,便假稱「公子扶蘇」起兵,以號召響應的武士。

長城:蒙恬所築長城是秦始皇長城的重要組成部分。秦長城它西起臨洮,東至遼寧省遼東築長城萬餘里,以防匈奴

南進。它像一條蜿蜒的巨龍盤亙靜臥於崇山峻嶺之間。遠遠望去，雄偉壯觀，氣勢非凡。

蒙毅（？～西元前 210 年）：為秦朝大臣蒙恬之弟，職位廷尉，主掌刑罰及監察朝臣。蒙毅是秦始皇的上卿，在始皇帝晚年，他是最被信任的大臣之一。出行做秦始皇的參乘，入則在皇帝的御前。後被趙高害死。

李斯（約西元前 280～前 208 年）：又名李通古。生於戰國末年楚國上蔡。秦朝丞相，著名的政治家、文學家和書法家。協助秦始皇統一天下，此後參與制定了秦朝的法律和完善了秦朝的制度。後世多有褒名。

胡亥（西元前 230～前 207 年）：嬴姓，名胡亥。秦始皇第十八子（最小的兒子），公子扶蘇的弟弟。是秦朝的二世皇帝。後人多稱秦二世，也稱二世皇帝。在位期間實行暴政，使西元前 209 年的陳勝、吳廣起義導致秦朝滅亡。

【閱讀連結】

西元前 223 年的一天，蒙恬打獵在時見一隻兔子的尾巴在地上拖出血跡，他靈機一動，剪下一些兔尾毛，回來後插在竹管上試著寫字。

可兔毛油光光的，不吸墨，又試幾次還是不行，便隨手扔進門前的石坑裡。

有一天，他無意中撿起那支被扔掉的「兔毛筆」，發現兔毛變得更白了，往墨盤裡一蘸，兔尾竟變得非常「聽話」，寫起字來非常流暢。原來，石坑裡的水含有石灰質，經鹼性水的浸泡，兔毛的油脂去掉了，變得柔順起來。

傳說這就是毛筆的來歷。

最勇猛的武將項羽

項羽（西元前 232～前 202 年），名籍，字羽，通常被稱作項羽。生於秦代下相。秦末起義軍領袖，消滅秦軍主力，推翻秦朝。是中國古代傑出的軍事家及著名政治人物。中國軍事思想「勇戰派」代表人物。

項羽的武勇古今無雙，是中華數千年歷史上最為勇猛的武將。

項羽出生在名將世家，他的祖父項燕為戰國末年楚國名將，後為秦將所殺。叔父項梁也極為勇猛，秦統一後，項梁因為殺了人，帶著項羽躲避在吳中。

項羽在青年時代就力能扛鼎，學書、學劍都不成。這使項梁很生氣，於是改教他兵法。他略知大意後，即不肯深學。但項羽少懷大志，疾惡如仇，看見秦始皇時，發出了「彼可取而代之」的感嘆。

西元前 209 年，陳勝、吳廣在大澤鄉領導反秦起義，隨即建立張楚政權。原六國貴族聞訊後，也紛紛起兵響應。這年 9 月，項梁與項羽也起兵，帶領吳中兵士反秦，當時項羽為裨將，手下有精兵 8,000 人。

西元前 208 年 3 月，項梁即率所部渡江，途中東陽令史陳嬰率義軍 20,000 名投奔項軍。渡過淮河後，秦代降將英布等又以兵相隨，項軍兵力一時達到六、七萬人，成為當時反秦武裝的主力。

6 月，項梁召集起義將領計議，自號武信君。之後，項梁率義軍分別大破秦軍於東阿、定陶。

項羽和在反秦浪潮中造反的劉邦也攻占城陽、雍丘。不久，由於項梁驕傲輕敵，被秦將章邯乘隙襲破，項梁陣亡。項羽、劉邦退保彭城。

這時，秦將章邯又渡河北上擊趙，與秦將王離、涉間合軍進圍鉅鹿，要消滅起義軍。楚懷王命宋義為上將軍，項羽為次將，率兵救趙。

宋義到安陽後，滯留 46 天不前進，想坐觀成敗。於是，項羽以宋義與齊密謀反楚為名，殺死了宋義。

懷王即命項羽為上將軍，統率全軍救趙。

項羽派 20,000 兵馬迅速渡過漳河，以解鉅鹿之圍；自己親自率全軍渡河，破釜沉舟，進擊秦軍。雙方經 9 次激戰，楚兵大破秦軍，王離被俘，涉間自殺。

鉅鹿一戰，秦朝的主力被消滅殆盡，亡國只是遲早的事了。當楚軍救趙時，諸侯軍皆作壁上觀。

戰事結束後，諸侯將領拜見項羽，都跪著向前，看都不

中古時期—將帥風雲

敢看他。從此,各路諸侯軍都聽從項羽指揮。接著,項羽又大破秦軍,並利用秦統治集團內部矛盾招降了章邯。

當項羽率軍進入關中時,劉邦已先期進據咸陽。由於有約在先,「先入關者為王」,劉邦理應稱王關中。

但項羽入關後,卻依恃手中40萬大軍,企圖消滅劉邦,獨霸天下。在鴻門宴上,劉邦在謀士張良的幫助下,卑辭言和,騙取了項羽的信任,雙方的緊張關係暫時和解。

鴻門宴之後,項羽隨即引兵咸陽,誅殺秦降王子嬰,焚燒秦宮室,擄掠財寶和美女東歸,使自己再一次大失民心。

西元前206年,項羽以懷王為義帝,又分封各諸侯為王,自立為西楚霸王,占有梁地、楚地九郡,定都彭城,封劉邦為漢王。不久,田榮、陳餘、彭越等相繼舉兵反楚。

劉邦也以關中為基地,進逼西楚。於是,爆發了歷時4年多的楚漢戰爭。

項羽自稱西楚霸王後,號令天下,大失民心。他自己也漸漸驕傲起來,對其他的諸侯放鬆了警惕,從而逐漸由強盛走下坡路,最後招致「垓下之圍」的悲慘結局。

在垓下,項羽被劉邦的軍隊重重包圍,兵少糧盡,只剩28騎。而追他的漢騎有數千之多。

項羽命令騎兵都下馬步行,手持短兵器與追兵交戰。他自己飛斬敵將,殺死漢軍幾百人,使令漢軍畏而卻步。項羽

自己也負傷10多處。項羽依然堅決抵抗，即使到了烏江，走投無路時，烏江亭長要渡他到江東去，他也不願讓江東父兄看到他兵敗將亡、狼狽不堪的情景。

所以，他拒絕渡江。

後來，項羽終因寡不敵眾，四面楚歌，面對著美人虞姬和名馬烏騅，流下了傷心的眼淚，以自刎來結束了自己的生命。

項羽自刎前，仍稱「此天之亡我，非戰之罪也」，而不承認自己失敗的原因。後來，劉邦以魯公禮葬項羽於谷城。

【旁注】

鉅鹿：漢時置縣，晉時為國。鉅鹿還是歷代兵家必爭之地，著名的楚漢「鉅鹿之戰」即發生於此，西漢末王莽與劉秀之爭，東漢末黃巾起義，明王朱棣的「靖難之役」、明末的明清兵「賈莊大戰」，清末的景廷賓夏頭寺起義等，都為這片沃土留下了歷史的一頁。

烏江：又稱黔江。長江上游支流，長江上游右岸支流。古稱內江水，涪陵水，延水等。其首次被稱為烏江始於元代。有史學家認為，項羽其實是戰死在秦代東城。

項燕（？～西元前223年）：其家族世代為楚國將領，受封於項，後用為姓氏。西元前224年，秦王傾全國兵力，以

中古時期—將帥風雲

王翦為將，率 60 萬大軍大舉攻楚，楚國危亡在即。楚軍猝不及防，倉促應戰，結果大敗，項燕在兵敗之下自殺。秦軍乘勝攻占了楚國大片地域。

虞姬：名虞，也說姓虞，因此現代人多稱其為虞姬。出生地一說今江蘇省沭陽縣顏集鄉人，一說浙江省紹興漓渚鎮塔石村人。項羽的愛姬。相傳容顏傾城，才藝並重。曾在四面楚歌的困境下一直陪伴在項羽身邊。

【閱讀連結】

項羽精通十八般兵器，其中獨愛百兵之王——槍。傳說項羽起兵之前，會稽郡曾天降隕石，後來項梁私下請當地鑄造兵器的名人們用此石取鐵為項羽鍛造兵器，經九天九夜，終鍛成一桿巨型鏨金虎頭槍。

這支槍長 1.29 丈，重 65 公斤，僅槍桿就有碗口般粗細，項羽為其起名曰「霸王」。此槍常人需兩人齊力方可抬動，但項羽天生神力，使此槍只有單手。後來，項羽更自創出一套無敵的槍法「單手十八挑」，所向無敵，銳不可當。

傑出軍事人才韓信

韓信（約西元前 231～前 196 年），生於西漢時的淮陰。西漢大將軍，左丞相。

開國功臣，虜魏、破代、平趙、下燕、定齊，為漢朝的天下立下赫赫戰功。被封為齊王、楚王和淮陰侯。與蕭何、張良並列為「漢初三傑」。中國歷史上傑出的軍事家，也是中國軍事思想「謀戰」派代表人物。

韓信年少時父母雙亡，家道貧寒，卻刻苦讀書，熟演兵法，懷安邦定國之抱負。苦於生計無著，於不得已時，在熟人家裡吃口閒飯，有時也到淮水邊上釣魚換錢，屢屢遭到周圍人的歧視和冷遇。

有一次，一群惡少當眾羞辱韓信。當時有一個屠夫對韓信說：「你雖然長得又高又大，喜歡帶刀佩劍，其實你膽子小得很。有本事的話，你敢用你的配劍來刺我嗎？如果不敢，就從我的胯下鑽過去。」

韓信自知形單影隻，硬拚肯定吃虧。於是，當著許多圍觀人的面，從那個屠夫的胯下鑽了過去。史書上稱「胯下之辱」。

西元前209年，陳勝、吳廣揭竿而起。韓信帶劍從軍，投身項梁的西楚軍。項梁戰死後，繼隨項羽，但未受項羽重用，只是充當一名執戟衛士。他多次向項羽獻策，均不被採納。於是他憤然逃出楚營，投奔漢王劉邦。

劉邦初始也沒把他當將才使用，只任命他為治粟都尉。韓信見劉邦不肯重用，決意離漢營而去。劉邦的丞相蕭何素知韓信之才，聞訊即刻騎馬月夜苦追，將他勸回，由此留下了「蕭何月下追韓信」的美談。

後來，劉邦在蕭何的屢次勸說下，親自與韓信討論軍國大事，他發現韓信確實為稀世之才。於是，劉邦特舉行儀式，拜為大將。

韓信拜將後，劉邦問韓信有何定國安邦的良策。韓信建議劉邦向三秦的屬地發展，然後在關中稱王。韓信實際上為劉邦制定了東征以奪天下的方略。

劉邦聽後大喜，自恨得到韓信太晚了。劉邦聽從韓信之計，部署諸將準備出擊。

西元前206年8月，被封漢王的劉邦乘項羽進攻齊地之機，決計出南鄭襲占關中，與項羽爭天下。就這樣，歷史上有名的「楚漢戰爭」爆發了。

劉邦拜韓信為大將，以曹參、樊噲為先鋒，利用秦嶺棧道已被漢軍燒毀、敵軍鬆懈麻痺之機，採取明修棧道，暗度

陳倉之計，派樊噲、周勃率軍萬餘大張聲勢地搶修棧道，吸引秦王的注意力，自己則親率軍隊潛出故道，翻越秦嶺，襲擊陳。

秦將章邯從廢丘倉促率軍馳援陳倉，被漢軍擊敗，逃至廢丘、好峙。漢軍分路追擊，進圍章邯殘部於廢丘。此後連續作戰，分兵略地，迅速占領關中大部，平定三秦之地，取得了對楚的初戰勝利。

劉邦採納韓信對楚實施策略包圍的建議，在堅持對楚正面作戰的同時，給韓信增兵30,000人，命其率軍東進，進攻趙國。

趙王得知韓信來攻，就陳兵20萬在井陘抗擊漢軍。韓信大膽引兵前來，離井陘15,000公尺駐紮下來。

半夜選2,000輕騎兵，人持一面紅旗，從小路來到山坡上偽裝隱蔽起來，窺視趙軍。

他告誡將士：「趙軍見我軍出擊，一定傾巢而出，你們就乘機迅速衝入趙軍營地，拔掉趙國旗幟，插上漢軍紅旗。」隨後，他又命令副將傳令大家：「今天打敗趙軍之後會餐。」將士們誰都不相信，只好假意稱是。

韓信又召集將領們分析敵情，韓信認為：趙軍已先占據了有利的地勢，他們在未見到漢軍大將旗鼓之前，定會擔心我們遇到阻險而退兵，是不肯輕易發兵攻打我們的。於是，

韓信派10,000人為先頭部隊,背靠河水擺開陣勢。

趙軍見漢軍擺出只有前進而無退路的絕陣,都大笑不已。

天剛亮,韓信打起了大將軍的旗號和儀仗鼓吹,擊鼓進軍井陘口。趙軍果然出營迎擊,大戰良久,韓信棄鼓旗,佯裝打敗,退到井陘的河邊軍陣之中。

趙軍見狀,立刻傾巢而出,追逐韓信,爭奪漢軍丟下的旗鼓。韓信退入河邊陣地。

這時,韓信所派的2,000輕騎兵等趙軍傾巢而出追擊漢軍,爭奪戰利品的時候,立即衝入趙軍營壘,拔掉趙軍旗幟,豎起2,000面漢軍的紅旗。

趙軍在河邊久戰韓信不勝,就想退回營壘,卻見營中遍是漢軍紅旗,各個大驚失色,認為漢軍已經把趙王及其將領全部俘虜了,於是陣勢大亂,四散奔走逃命。趙軍主將斬殺數人,竭力阻止,卻不見成效。

這時,漢軍突然兩面夾擊,大破趙軍,活捉了趙王歇。韓信大獲全勝,諸將前來祝賀,無不佩服韓信的用兵之術。

隨後,韓信又引兵東進擊齊。

這時齊國已決計降漢,對漢軍的戒備鬆懈,韓信乘機襲擊了齊駐守在歷下的軍隊,隨後一直打到臨淄。齊王田廣驚恐,逃到高密後,派人向楚求救。

韓信襲破趙國的臨淄,項羽聞訊後,遣大將龍且親率兵

馬與齊王田廣合力抗漢，號稱20萬眾。有人建議龍且深溝高壘，以守為攻。

龍且輕視韓信，又急求戰功，不用此計，率兵與韓信軍隔濰水東西擺開陣勢。

韓信連夜派人做了10,000多條袋子，盛滿沙土，壅塞濰河上流。率一半軍隊涉水攻擊龍且的陣地。

龍且出兵迎擊，韓信佯裝敗退。龍且以為韓信怯弱，率軍渡江進擊。這時韓信命人決開壅塞濰河的沙囊，河水奔流而至，龍且的軍隊根本無法渡河。韓信揮軍猛烈截殺，殺死龍且。

東岸的齊、楚聯軍見西岸軍被殲，立時四處逃散。韓信趁機率軍渡水追擊至城陽，楚兵皆被俘虜。齊王田廣逃走不久被殺。

西元前203年，齊地全部平定。

韓信平定齊國之後，派人向劉邦上書說：「齊國狡詐多變，是個反覆無常的國家，南邊又與楚國相鄰，如不設立一個代理王來統治，局勢將不會安定。我希望做代理齊王，這樣對形勢有利。」

劉邦見信後，派張良前去立韓信為齊王，並徵調他的部隊攻打楚軍。

齊國失利，龍且戰死，使項羽非常恐慌。派人前去遊說

韓信反漢與楚聯合，三分天下齊地稱王，結果被韓信拒絕。

遊說失敗後，齊人蒯通知道天下大局的關鍵在韓信手中，於是用相人術勸說韓信，認為他雖居臣子之位，卻有震主之功，名高天下，所以很危險。

蒯通終於說得韓信心動，但韓信猶豫不決，不忍背叛劉邦，又自以為功勞大，劉邦不會來奪取自己的齊國。於是，韓信最後沒有聽從蒯通的計謀。

西元前202年，劉邦趁項羽無備，楚軍飢疲，突然對楚軍發動策略追擊。同時約韓信從齊地南下合圍楚軍。

韓信未能如期南下，劉邦追擊楚軍至固陵，楚軍反擊，劉邦大敗而歸。

為調動韓信，劉邦聽從張良之謀，劃陳以東至海廣大地區為齊王韓信封地。同時，又封彭越為梁王，並由韓信統一指揮，韓、彭遂率兵攻楚。

韓信從齊地南下，占領楚都彭城和今蘇北、皖北、豫東等廣大地區，兵鋒直指楚軍側背。彭越也從梁地西進。與此同時，漢將劉賈會同九江王英布自下城父北上；劉邦則率部出固陵東進。

至此，漢軍形成從南、北、西三面合圍楚軍之勢，項羽被迫向垓下退兵。

西元前202年12月，劉邦、韓信、劉賈、彭越、英布等

各路漢軍約計40萬人,和項羽的10萬楚軍於垓下展開決戰。

漢軍以韓信率軍居中,將軍孔熙為左翼、陳賀為右翼,劉邦率部跟進,將軍周勃斷後。韓信揮軍進攻失利,引兵後退,命左、右翼軍繼續攻擊。楚軍迎戰不利,韓信再揮軍反擊。楚軍大敗,退入壁壘堅守,被漢軍重重包圍。

楚軍屢戰不勝,兵疲食盡。韓信命漢軍士卒夜唱楚歌,歌中唱道:

人心都向楚,天下已屬劉;韓信屯垓下,要斬霸王頭。

歌詞極具煽惑性,加之曲調幽咽,致使楚軍士卒思鄉厭戰,軍心瓦解。

韓信乘勢進攻,楚軍大敗,10萬軍隊被全殲。項羽逃至東城自刎而死。

劉邦於是還至定陶,馳入韓信軍中,收奪了他的兵權,後封韓信為楚王,都下邳。

劉邦卻對韓信的軍事才能心懷疑慮,生怕他造反,無人能敵。謀士陳平便給劉邦出主意,讓他假稱巡遊南方,然後借韓信朝見的時候誘捕他。劉邦採納了陳平的建議,動身去南方巡遊。

劉邦來到韓信封地的邊境,派使者去讓韓信來接駕。韓信覺察了劉邦的意圖,但覺得自己並沒有做什麼對不起劉邦的事,就坦然去見劉邦。

中古時期—將帥風雲

韓信剛到劉邦的住處,劉邦不容分說,就把他押了起來。

韓信長嘆道:「常言說得好:『蜚鳥盡,良弓藏;狡兔死,走狗烹。』現在天下平定了,我就該死了!」

劉邦把韓信押回了長安,但實在沒有找到他謀反的證據,沒有理由殺他,所以只好削奪了他的王位,改封他為淮陰侯。

韓信知道劉邦想殺他,所以經常稱病而不去上朝。在被軟禁的時間裡,韓信與張良一起整理了先秦以來的兵書,共得182卷,這也是中國歷史上第一次大規模兵書整理,為中國軍事學術研究奠定了科學的基礎。同時還收集、補訂了軍中律法。著有兵法3篇,可惜已經散佚。

西元前196年寒冬正月,武士把韓信捆縛起來,在長樂宮中的鐘室裡斬殺了他。

韓信臨斬時說:「我當初沒聽蒯通的計謀,現在反被陷害,簡直是天意!」

大漢開國元勳淮陰侯韓信,死時年僅35歲。

【旁注】

關中:關中之名始於戰國時期,因為西有散關,東有函谷關,南有武關,北有蕭關,故取意四關之中,後增東方的潼關和北方的金鎖兩座。四方的關隘,再加上陝北高原和秦

嶺兩道天然屏障，使關中成為自古以來的兵家必爭之地。

棧道：又名「閣道」、「複道」、「棧閣」。古代在今四川、雲南、陝西、甘肅諸省境內峭巖陡壁上鑿孔架橋連閣而成的一種道路，是當時這些地區的重要交通要道。

井陘：地處冀晉結合，距石家莊30公里，距北京300公里。素有「太行八陘之第五陘，天下九塞之第六塞」之稱，乃冀通衢要衝，歷代兵家必爭之地。楚漢戰爭時的背水之戰就是在井陘發生的。

垓下：古地名，位於今安徽省靈璧縣東南。垓下古戰場俗稱霸王遺址，現在叫霸王城，當年的垓下古戰場位於安徽省宿州市靈璧縣城東南沱河北岸的韋集鎮垓下村一帶，現在的垓下村就是2,000多年前的霸王古城。

項梁：下相人。秦末著名起義軍首領之一，楚國貴族後代，項燕之子。項羽的叔父。在反秦起義的戰爭中，因輕敵，在定陶被章邯打敗，戰死。

趙王歇：即趙歇。秦末人。戰國時趙貴族。西元前208年被立為趙王，都信都。漢楚戰爭中，趙王歇被追殺。

蒯通：本名蒯徹，漢初范陽固城鎮人。因為避漢武帝之諱而改為通。擅長縱橫之術，妙論戰國之權變。據說自序其說，名為《雋永》，有人認為《戰國策》為其所著。蒯通曾建議韓信與劉邦、項羽三分天下。

中古時期—將帥風雲

田廣（？～西元前204年）：秦末齊國狄縣人，齊王田氏宗族，田榮之子。田榮死後，被叔叔田橫立為齊王。後烹殺了酈食其。軍隊被韓信打敗，被殺。

張良（約西元前250～前186年）：字子房，祖先五代為韓國丞相，漢高祖劉邦的謀臣，與韓信、蕭何並列為「漢初三傑」。以出色的智謀，協助漢高祖劉邦於楚漢之爭中奪得天下。被封為留侯。張良在去世後，諡為文成侯。

項羽（西元前232年～前202年）：秦末起義軍領袖、西楚王朝的建立者，著名軍事家、「勇戰派」的代表人物，是力能扛鼎、氣壓萬夫的一代英雄豪傑。大澤鄉起義不久，項羽同叔父項梁在會稽郡斬殺郡守之後迅速崛起，舉兵反秦。後在垓下被劉邦打敗，自刎於烏江邊。

劉邦（西元前256～前195年）：字季。漢朝開國皇帝，在位8年。諡號「高皇帝」。中國歷史上傑出的政治家、策略家。劉邦手下「漢初三傑」之一的韓信由於居功自傲，使他對韓信則越來越猜忌。再加上其他各種複雜因素摻入其中，他最後將韓信殺了。

【閱讀連結】

韓信年少時品行不好，不能被推選為官吏，又不能做生意為生，曾經從別人那得到食物，人們大部分都很討厭。

韓信在城下釣魚，有個漂洗衣物的婦人，看見韓信十分飢餓，給韓信飯吃。

韓信十分高興，告訴洗衣服的人說：「我以後一定重報您！」

洗衣服的人十分生氣說：「大丈夫不能自己養活自己，我是可憐年輕人，你吃頓飯難道就要報答？」

韓信後來被劉邦封為齊王，錦衣玉食，就召見當時給他飯吃的洗衣婦人，報答她千萬兩黃金。

漢之飛將軍李廣

李廣（？～西元前 119 年），生於隴西成紀。西漢時期名將，驍騎將軍。

歷經漢文帝、漢景帝和漢武帝三朝。曾經參與平定七國的叛亂，勇奪軍旗，戰功顯赫。在抗擊匈奴的戰爭中，深入敵後，巧妙周旋，堪稱孤膽英雄。匈奴畏服，稱之為「漢之飛將軍」，數年不敢來犯。

李廣的祖先是秦王政時李信，曾率軍擊敗燕太子丹。李廣家族世代接受僕射這一官職。

西元前 166 年，匈奴大舉入侵邊關，李廣少年從軍，抗擊匈奴。他作戰英勇，殺敵頗眾，使漢文帝大為讚賞。因善於用箭，殺死和俘虜了眾多敵人，升為漢中郎，以騎士侍衛皇帝。

李廣曾經多次跟隨漢文帝射獵。

有一次，漢文帝出去狩獵。突然，眼前跳出一隻斑斕猛虎。負責侍衛的李廣立刻跳出，與猛虎扭打在一起，最後，李廣以短劍將老虎刺死。

漢文帝概嘆道：「可惜呀，你生在太平時期。如果生在大漢初年的戰爭年代，以你的武功，做個萬戶侯豈也不在話下！」

漢景帝即位後，李廣升為騎郎將。

當時，以被封為吳王的劉濞為中心的7個劉姓宗室諸侯由於不滿國家削減他們的權力，所以興兵叛亂，史稱「七國之亂」。叛亂發生後，李廣以驍騎都尉官職跟隨太尉周亞夫出征平叛，在昌邑城下奪得叛軍軍旗，立下顯赫戰功。

平定「七國之亂」後，李廣被調往上谷、上郡、隴西、雁門、代郡、雲中等西北邊陲做太守。他在抗擊匈奴入侵的過程中，屢涉險境，戰果斐然。

有一次，匈奴進攻上郡，漢景帝派了一名親隨到李廣軍中。這名親隨帶了幾十騎衛士出遊，路上遭遇3名匈奴騎士，結果，衛士們全被射殺，親隨本人也中箭逃回，並把事件報告給李廣。

李廣說：「這一定是匈奴的射鵰手。」說完，他帶上100名騎兵前去追趕那幾個匈奴人。

那幾個匈奴人沒有馬，徒步前行。剛走了幾十公里，就被李廣追上了。李廣命令他的騎兵左右散開，兩路包抄。

李廣開弓引箭，射殺了其中的兩個，活捉了一個。李廣一問，果然是匈奴的射鵰手。

李廣剛把俘虜縛上馬，匈奴數千騎兵趕來，見到李廣等人，以為是漢軍誘敵之兵，連忙搶占了一座高地。

李廣所帶的 100 名騎兵士慌忙欲逃。李廣大喝道：「我們遠離大軍數十里，逃必死！不逃，匈奴以為是誘敵之計，必不敢攻擊我們。」

於是，帶領兵士向匈奴騎兵迎去。離匈奴陣前 1,000 公尺處，他令士兵解鞍下馬。

匈奴搞不清他們的意圖，果然不敢攻擊，只派一名將官出陣試探。李廣飛馬搶到陣前，將他射落馬下，然後從容歸隊。

至夜半時，匈奴認為一定有漢軍埋伏夜襲，就引兵而去。

西元前 128 年，匈奴又一次興兵南下，前鋒直指上谷。李廣任驍騎將軍，率 10,000 騎兵出雁門關。在作戰中，李廣因寡不敵眾而受傷。匈奴單于久仰李廣威名，命令手下生擒李廣。

匈奴騎兵抓住李廣後，把受傷的李廣放在兩匹馬中間，讓他躺在用繩子結成的網袋裡。走了 5,000 多米路，李廣裝死，斜眼瞧見他旁邊有個匈奴少年騎著一匹好馬，李廣突然一躍，跳上匈奴少年的戰馬，把少年推下馬，摘下他的弓箭，策馬揚鞭向南奔馳。

匈奴騎兵數百人緊緊追趕。李廣邊跑邊射殺追兵,終於逃脫,收集餘部回到了京師。

李廣展現出的驚人騎射技術,給匈奴人留下深刻的印象,這正是匈奴稱其為「漢之飛將軍」的由來。

西元前121年,李廣以郎中令身分率4,000騎兵從右北平出塞出征匈奴。部隊前進了數百公里,突然被匈奴左賢王帶領的40,000名騎兵包圍。

李廣的士兵們都非常害怕。李廣就派自己的兒子李敢先入敵陣探察敵情。

李敢率幾十名騎兵,衝入敵陣,突破匈奴的重圍,抄出匈奴的兩翼而回。回來後向李廣報告說:「匈奴兵很容易對付。」

李廣的軍士聽了才安定下來。

李廣布成圓形陣勢,面向四外抗敵。匈奴猛攻漢軍,箭如雨下,漢兵死傷過半,箭也快射光了。李廣命令士兵把弓拉滿,不要發射,他手持強弩「大黃」射殺匈奴裨將多人,匈奴兵將大為驚恐,漸漸散開。

此時天色已晚,漢官兵都嚇得面無人色,但李廣卻意氣自如,更加致力於整飭軍隊。軍中官兵從此都非常佩服李廣的勇氣。

第二天,他又和敵兵奮戰。這時,一隻救兵趕到,解了

匈奴之圍。

西元前119年，大將軍衛青與驃騎將軍霍去病深入漠北打擊匈奴。李廣多次請求隨軍出征，漢武帝認為他年老並未啟用。後來漢武帝終於任命其為前將軍，隨衛青出征。

在發兵前，衛青得知單于的駐紮地，決定自率部隊正面襲擊單于，而命前將軍李廣與右將軍趙食其從東路夾擊。東路道迂迴且遠，水草極少，不利於行軍。

李廣希望作為先鋒正面對抗單于。可是漢武帝認為李廣年老又命數不好，出征時總是遇到各種狀況，就暗地裡囑咐衛青不要讓李廣與單于正面對陣。

李廣堅決拒絕調動，衛青不接受他的請求，命令長史下道文書，讓李廣趕快到所在部隊去，照文書說的辦。李廣沒有向衛青告辭就回到營中，領兵與右將軍會合，從東路出發。

但他的部隊因無嚮導，迷失了道路，落在大將軍後面，耽誤了約定的軍期。

漠北之戰，衛青雖然有效擊殺匈奴，但單于逃走，衛青只得徒勞而返。在回軍的路上，衛青與李廣、趙食其會合。

會合後，由於要向武帝彙報此戰的經過，衛青派長史拿了乾糧酒食送給李廣，順便問起李廣等迷路的情況。衛青回來後向天子上報，把走失單于的責任推給右將軍趙食其。

李廣一身正直,自然不答應,他嘆道:「我與匈奴交戰70餘次,如今幸隨大將軍深入漠北,而大將軍又令我率部迂迴遠行,又迷失道路,這真是天意呀!」

言畢,自負的李廣拔出佩劍引頸自刎。

李廣部下軍士大夫一軍皆哭。百姓聞李廣死訊,無論認識與不認識他的,無論老者青年,皆為之流淚。

【旁注】

僕射:僕是「主管」的意思,古代重武,主射者掌事,故諸官之長稱僕射。漢代僕射是個廣泛的官號,自侍中、尚書、博士、謁者、郎以至於軍屯吏、騶、宰、水巷宮人皆有僕射。

射鵰手:所謂射鵰手,就是匈奴人中射箭最好的大力士。射鵰手能力出眾,基本上就是古代的特種部隊,專門負責軍中的特殊任務,比如偵探,放冷箭殺敵手等。另外射箭技術精湛的人,一般來說也有很敏捷的躲箭能力。

雁門關:又名西陘關,位於中國山西省忻州市代縣縣城以北約20公里處的雁門山中,是長城上的重要關隘,與寧武關、偏關合稱為「外三關」。

郎中:令官名。始置於秦,為九卿之一,掌守衛宮殿門戶。漢初沿置,為皇帝左右親近的高級官職。所屬有大夫、

郎、謁者及期門、羽林宿衛官。漢武帝太初元年改名「光祿勳」。漢末建安十八年，又稱郎中令。

漠北：指瀚海沙漠群的北部，也就是狹義的塞北之北，包括蒙古和貝加爾湖，在歷史上是匈奴，突厥，蒙古人的活動中心，是北方游牧民族向中原漢族發動侵略的根據地。

趙食其：西漢將軍，祋祤人，在漢景帝、漢武帝屬下。本為主爵都尉，西元前 119 年，為右將軍，與曹襄、李廣、公孫賀隨衛青，出定襄，迷路當斬，贖為庶人。

漢文帝（西元前 202 年～前 157 年）：即劉恆，漢高祖中子。漢代第五位皇帝。廟號太宗，諡號「孝文皇帝」，葬於霸陵。在位期間，對穩定漢初封建統治秩序，恢複利發展經濟，起了重要作用。文帝與其子景帝的兩代統治，歷來被視為盛世，史稱「文景之治」。

漢景帝（西元前 188 年～前 141 年）：即劉啟，漢文帝劉恆的長子，母親是漢文帝皇后竇氏，即即竇太后。出生於代地中都。西漢第六位皇帝，在位 16 年，諡孝景皇帝。他統治時期與其父漢文帝統治時期合稱為「文景之治」。

【閱讀連結】

李廣是使弓的高手。

當時，中國有許多老虎出沒，某一天，李廣遠遠見到老

虎,於是拉弓射出,沒想到老虎卻完全沒有倒下。大家感到不可思議,於是便靠近檢視,才知道那是一塊形如老虎的巨石,而那支箭卻深深地射入了石中。這就是「箭立於石」的故事。

本來,箭是不可能射在石頭上的,然而這時箭卻立於石中,因而表示李廣這人弓箭威力之強,李廣也因此聲名大振。

無一敗績的衛青

衛青（？～西元前106年），字仲卿。生於西漢時河東平陽。西漢武帝時的大司馬、大將軍。封長平侯，諡號「烈侯」。他襲龍城，收河朔，取得漠北大捷，與外甥霍去病並稱「帝國雙璧」。

衛青開啟了漢對匈奴戰爭反敗為勝的新篇章，七戰七捷，無一敗績，為歷代兵家所敬仰。

衛青從小與母親在貴族人家做奴隸，獲救後任侍中、建章監和太中大夫，經過近10年宮廷為官的歷練，西元前129年，他被封為車騎將軍，開始了10年的戎馬生涯。

西元前128年的秋天，匈奴騎兵大舉南下，先攻破遼西，殺死了遼西太守，又打敗漁陽守將韓安國，劫掠百姓2,000多人。

漢武帝派匈奴人敬畏的「飛將軍」李廣鎮守右北平，匈奴兵則避開李廣，而從雁門關入塞，進攻漢朝北部邊郡。於是，漢武帝又組織了一次塞前近距離出擊，共分4個方向，由衛青等4將統帥，各10,000騎。

無一敗績的衛青

在這次近距離出擊中,衛青本人身先士卒,將士們更是奮勇爭先,他們襲擊了匈奴的聖地龍城,殲敵 700 餘人。而其餘 3 將,或無所得,或損失過半,老將李廣也戰敗被俘,途中搶馬馳回本軍。

這一仗,充分顯示了衛青的將才,使他初露鋒芒。衛青受封關內侯。

西元前 127 年,匈奴貴族集結大量兵力,進攻上谷、漁陽。武帝決定發動河南戰役,並由衛青統一指揮。這是西漢對匈奴的第一次大戰役。

這次遠距離的側敵進軍,隨時有受到匈奴右賢王側擊的可能,所經之處大部分是從未到過的沙漠、草原,要從一側壓迫河南匈奴軍於河套而殲滅之,更需行動迅速,組織周詳。

所以,衛青對如何封鎖消息,祕密行動,捕捉匈奴暗哨巡騎,尋找可靠的嚮導,了解水草位置,以及解決大軍供給等,都計劃得很周到。

了解了情況之後,衛青率領 40,000 萬大軍從雲中出發,採用迂迴側擊的戰術,西進繞到匈奴軍的後方,迅速攻占高闕,切斷了駐守河南地的匈奴白羊王、樓煩王同單于王庭的聯繫。

然後,衛青又率精騎,飛兵南下,進到隴西,形成了對

白羊王、樓煩王的包圍。匈奴白羊王、樓煩王見勢不好,倉皇率兵逃走。

漢軍活捉敵兵數千人,奪取牲畜100多萬頭,完全控制了河套地區。

因為這一帶水草肥美,形勢險要,漢武帝在此修築朔方城,設定朔方郡、五原郡,從內地遷徙10萬人到那裡定居,還修復了秦時蒙恬所築的邊塞和沿河的防禦工事。這樣,不但解除了匈奴騎兵對長安的直接威脅,也建立起了進一步反擊匈奴的前方基地。衛青立有大功,被封為長平侯。

匈奴貴族不甘心在河南地的失敗,一心想把失去的地方重新奪回去,所以在幾年內多次出兵,但都被漢軍擋了回去。

西元前124年春,漢武帝命衛青率30,000騎兵從高闕出發;蘇建、李沮、公孫賀、李蔡都受衛青的節制,率兵從朔方出發;李息、張次公率兵由右北平出發。這次總兵力有10多萬人。

匈奴右賢王認為漢軍離得很遠,一時不可能來到,就放鬆了警惕。衛青率大軍急行軍三四百公里裡,趁著黑夜包圍了右賢王的營帳。

這時,右賢王正在帳中擁著美妾,暢飲美酒,已有八九分醉意了。忽聽帳外殺聲震天,火光遍野,右賢王驚慌失

措,忙把美妾抱上馬,帶了幾百名壯騎,突出重圍,向北逃去。

漢軍大獲全勝,高奏凱歌,收兵回朝。漢武帝接到戰報,喜出望外,派特使捧著印信,到軍中拜衛青為大將軍,所有將領歸他指揮。漢武帝隨後又封賞了隨從衛青作戰的其他將領。

西元前119年,漢武帝決心在漠北與匈奴主力決戰。命衛青率4將軍共50,000餘騎出定襄與左賢王所部決戰,又命霍去病率50,000精騎,出代郡求單于主力決戰,另有步兵數10萬掩護輜重在後跟進。這次關鍵性的漠北決戰,衛青把沉著謹慎與大膽猛進和諧地結合起來,表現了高超的指揮技術。

衛青大軍一出沙漠,就遇單于主力嚴陣以待。衛青沉著應戰,首先環車為營,自立於不敗之地。

假如匈奴發起衝擊,則漢軍可依託武剛車陣,發揮強弩的威力,先以防禦作戰消耗敵人,然後後發制人發動攻擊,這就大大削弱了匈奴以逸待勞的有利條件,奪得了戰場的主動權,正合乎孫子所說的:「先為不可勝,以待敵之可勝。」

當大風驟起之時,對雙方造成的困難完全相等。取勝的因素主要看雙方將領的智勇和軍隊的素質。衛青搶占先機,立即命大軍合圍單于主力,充分顯示了衛青的膽略。

中古時期—將帥風雲

匈奴主力陷入包圍，也不知漢軍有多少，戰鬥意志已完全瓦解。漢軍訓練有素，賞罰分明，縱然在兩軍互不相見的情況下，衛青的號令仍能層層下達，堅決執行。

匈奴軍則素來善作鳥獸散，此時各級組織已失去指揮，各人自顧逃命，單于本人一走，勝敗之局就定了。

西元前106年，衛青病故。漢武帝命人在自己的茂陵東邊特地為衛青修建了一座像小山一樣高的墳墓，以象徵衛青一生的赫赫戰功。

【旁注】

車騎將軍：官名，為重號將軍，西漢置，掌領車騎士。第二品是戰車部隊的統帥。地位僅次於大將軍、驃騎將軍，金印紫綬，地位相當於上卿或比三公。

韓安國：西漢時期影響較大的著名政治家之一。自幼博覽群書，成為遠近聞名的辯士與學問家。漢武帝時，進入漢王朝中央政權的核心圈子。他根據國家現狀，提倡與匈奴和親，使漢王朝北方多年無戰事。

右賢王：匈奴設定的官職名。匈奴以左為尊，所以左賢王的地位僅次於單于，在右部諸王侯中地位最高。左賢王一般是單于的候補人選，因此常常由單于的兒子擔任。時期不同，人也就不同，也就是有很多人當過左賢王。

朔方：在今內蒙古自治區烏拉特旗東，離包頭大約 200 公里。漢武帝時在此設朔方郡。朔方郡正位於漢王朝國都長安城的正北方，因此取《詩經》中「城彼朔方」之意，命名為朔方郡。是漢武帝時漢軍出擊匈奴常備基地之一。

武剛車：古代戰車名。漢朝大將軍衛青最先使用。車長兩丈，闊 1.4 丈，外側綁長矛，內側置大盾。可以運送士兵、糧草、武器，也可以用來作戰。作戰用的武剛車車身要上牛皮犀甲，捆上長矛，立上盾牌。有的武剛車開射擊孔，弓箭手可以在車內，透過射擊孔射箭。

茂陵：西漢武帝劉徹的陵墓。位於今陝西省西安市西北 40 公里的興平市城東北南位鄉茂陵村。至今東、西、北三面的土闕猶存。它是漢代帝王陵墓中規模最大、修造時間最長、陪葬品最豐富的一座，被稱為「中國的金字塔」。

李蔡（？～西元前 118 年）：李廣堂弟。曾任漢文帝的侍從，後任漢武帝的第二個丞相，其人勇敢聰明，從軍則軍功顯赫，從政則政績卓著，獲得世人的稱讚。

【閱讀連結】

衛青多次帶兵出擊匈奴，都是大勝而歸，為穩定邊疆立下了汗馬功勞，但他並沒有居功自傲。

他做官極為謹慎。在外面打仗，有人犯了軍法，衛青也

會特意將犯人交由皇帝處置,以示人臣不敢專權。這使漢武帝更加喜歡他了。後來,漢武帝對霍去病恩寵日盛,霍去病的聲望超過了他的舅舅衛青,過去奔走於大將軍門下的許多故舊,都轉到了霍去病門下。

衛青門前頓顯冷落,可是衛青不以為然,認為這也是人之常情,心甘情願地過著恬淡平靜的生活。

克敵遠征的霍去病

霍去病（西元前 140 年～前 117 年），名將衛青的外甥。生於西漢時河東郡平陽縣。漢武帝時期大司馬，驃騎將軍。諡號「景桓侯」。

霍去病多次率軍與匈奴交戰，在他的帶領下，匈奴被漢軍殺得節節敗退，霍去病也留下了「封狼居胥」的佳話。

霍去病自幼精於騎射，雖然年少，卻渴望像舅舅衛青那樣殺敵立功。在衛青領軍對蒙古大沙漠以南的右賢王部和單于主力展開作戰時，比衛青小 18 歲的霍去病跟隨衛青出征。漢武帝特地任命霍去病為嫖姚校尉，率 800 騎兵。

在戰鬥期間，霍去病脫離大軍在茫茫大漠裡奔馳數百公里奇襲匈奴，打擊匈奴的軟肋，斬敵 2,000 多人，殺死匈奴單于祖父一個輩分的若侯產和季父，俘虜單于的國相及叔叔。

霍去病的首戰，以奪目的戰果，橫空出世。為表彰霍去病的功績，漢武帝將他封為「冠軍侯」，讚嘆他功冠諸軍，並割兩處封地給霍去病。

中古時期—將帥風雲

　　西元前 121 年春，霍去病被任命為驃騎將軍，獨自率領精兵 10,000 軍隊出征匈奴。這就是河西大戰。19 歲的統帥霍去病不負眾望，在千里大漠中閃電奔襲，打了一場漂亮的勝仗。

　　6 天中他轉戰匈奴 5 個部落，一路猛進，並在皋蘭山與匈奴盧侯王、折蘭王打了一場硬碰硬的生死戰。

　　在此戰中，霍去病慘勝，10,000 精兵僅餘 3,000 人。而匈奴更是損失慘重，盧侯王和折蘭王都戰死，渾邪王子及相國、都尉被俘虜，被斬近 9,000 人。匈奴休屠王用來祭天的金人也成了霍去病的戰利品。

　　同年夏天，漢武帝決定乘勝追擊，展開收復河西之戰。此戰，霍去病和公孫敖出征北地；博望侯張騫和郎中令李廣出征右北平，合擊匈奴。

　　在合擊過程中，李廣所部被匈奴左賢王包圍，配合作戰的公孫敖在大漠中迷了路，沒有起到應有的助攻作用。霍去病遂再次孤軍深入，並再次大勝。

　　就在祁連山，霍去病軍隊斬敵 30,000 萬餘人，俘虜匈奴王爺 5 人以及匈奴大小閼氏、匈奴王子 59 人、相國將軍當戶都尉共計 63 人。

　　經此一役，匈奴不得不退到燕支山北，漢王朝收復了河西平原。從此，漢軍軍威大振，而 19 歲的霍去病更成了令匈

奴人聞風喪膽的戰神。

真正使霍去病有如天神的事情是「河西受降」，發生的時間在秋天。

兩場河西大戰後，匈奴單于想狠狠地處理一再敗陣的渾邪王，消息走漏後渾邪王和休屠王便想要投降漢朝。漢武帝不知匈奴二王投降的真假，遂派霍去病前往黃河邊受降。當霍去病率部渡過黃河的時候，果然匈奴降部中發生了叛變。

面對這樣的情形，霍去病竟然只帶著數名親兵衝進了匈奴營中，面對渾邪王，下令他誅殺叛變士卒。霍去病的氣勢不但鎮住了渾邪王，同時也鎮住了40,000多名匈奴人，他們最終沒有將叛變繼續擴大。

漢王朝的版圖上，從此多了武威、張掖、酒泉、敦煌4個郡。河西走廊正式併入漢王朝。

這是中國歷史上第一次面對外虜的受降，不但為飽受匈奴侵擾之苦百年的漢朝人揚眉吐氣，更從此使漢朝人有了身為強者的信心。

西元前119年，為了徹底消滅匈奴主力，漢武帝發起了規模空前的「漠北大戰」。漠北大戰時，原定由對外征戰的霍去病打匈奴單于，敢深入力戰的兵士皆歸驃騎將軍。

結果由於情報錯誤，這個對局變成了衛青的，霍去病沒能遇上他最渴望的對手，而是對上了左賢王部。然而，這場

大戰仍可以算霍去病的巔峰之作。

在深入漠北尋找匈奴主力的過程中，霍去病率部奔襲 1,000 多公里，以 15,000 的損失數量，殲敵 70,000 多人，俘虜匈奴王爺 3 人，將軍相國當戶都尉 83 人。

霍去病一路追殺，來到了今蒙古肯特山一帶。就在這裡，霍去病暫作停頓，率大軍進行了祭天地的典禮。祭天封禮在狼居胥山舉行，祭地禪禮在姑衍山舉行。

封狼居胥之後，霍去病繼續率軍深入追擊匈奴，一直打到瀚海，方才回兵。

從長安出發，一直奔襲至貝加爾湖，在一個幾乎完全陌生的環境裡沿路大勝，這是怎樣的成就！經此一役，匈奴遠遁。霍去病和他的「封狼居胥」，從此成為中國歷代兵家人生的最高追求。而這一年的霍去病年僅 22 歲。

西元前 117 年，24 歲的驃騎將軍霍去病因病去世了。漢武帝諡封霍去病為「景桓侯」，以彰顯其克敵服遠、英勇作戰、擴充疆土之意。

【旁注】

季父：最小的叔叔稱「季父」。古代兄弟排行稱謂，古代以伯、仲、叔、季來表示兄弟間的排行順序，伯為老大，仲為老二，叔為老三，季排行最小。

皋蘭山：皋蘭山西起龍尾山，東至老狼溝，形若蟠龍，「高厚蜿蜒，如張兩翼，東西環拱州城，即甘肅省蘭州，延袤20餘公里。」皋蘭山是蘭州城區的屏障，自從2,000多年前匈奴人在黃河邊叫響「皋蘭」後，這座大山就成了蘭州滄桑歲月的見證。

燕支山：坐落在河西走廊峰腰地帶的甘涼交界處。春秋戰國和秦漢時期，古老的游牧民族氐、羌、月氏、匈奴等曾先後在這裡繁衍生息。據傳，那時匈奴諸藩王的妻妾多從這一帶的美女中挑選，匈奴語稱各藩王之妻叫「閼氏」，「焉支」或「胭脂」是其漢譯的諧音，焉支山因此而得名。

河西走廊：河西地區係指今甘肅省的武威、張掖、酒泉等地，因位於黃河以西，自古稱為河西，又因其為夾在祁連山，也稱南山與合黎山之間的狹長地帶，也稱河西走廊，是中原地區通往西域的咽喉要道。

狼居胥山：古山名。西元前119年霍去病出代郡塞擊匈奴，封狼居胥山，一說在今蒙古國境內的肯特山，一說即今河套西北狼山，皆與《史記》、《漢書》所載當時行兵路徑不合。狼居胥山的所在地問題已成了歷史之謎。

漢武帝（西元前156年～前87年）：漢朝的第七位皇帝，諡號「孝武皇帝」，廟號世宗，葬於茂陵。傑出的政治家、策略家。在位期間，開疆拓土，擊潰匈奴、東並北韓、南誅百越、西愈蔥嶺、征服大宛，奠定了中華疆域版圖。

【閱讀連結】

霍去病是平陽公主府的女奴衛少兒與平陽縣小吏霍仲孺的兒子。大約在霍去病週歲的時候，他的姨媽衛子夫進入了漢武帝的後宮，後來被封為夫人。

這一變化，不僅改變了霍去病的命運，被改變還有多年來漢王朝和匈奴之間態勢。霍去病在歷次出擊匈奴的戰鬥中所表現的軍事天才，使漢武帝刮目相看。

霍去病死後，漢武帝非常悲傷，他調來鐵甲軍，列成陣沿長安一直排到茂陵東的霍去病墓。他還下令將霍去病的墳墓修成祁連山的模樣，彰顯他力克匈奴的奇功。

五虎上將之首關羽

關羽（？～西元220年），字雲長，本字長生，今山西臨猗西南人。三國蜀漢大將。

東漢末亡命涿都，跟從劉備起兵。西元200年，劉備為曹操所敗，他被俘後，極受優禮，封漢壽亭侯。後仍歸劉備。建安十九年，即西元214年，鎮守荊州。西元219年，圍攻曹操部將曹仁於樊城，又大破于禁所領七軍，因後備空虛，不久孫權襲取荊州，他敗走麥城，也就後來的湖北當陽東，兵敗被擒殺。

宋代以後，他的事蹟被神化，並尊為「關公」、「關帝」。

關羽因戰亂逃亡到涿郡，劉備在家鄉招集兵馬，關羽因為武藝高強，劉備留他做自己的護衛。劉備任平原國國相後，任關羽、張飛為別部司馬，分管所轄軍隊。劉備與關、張二人連睡覺都同一張床，親如同胞兄弟。

漢獻帝建安五年，即西元200年，曹操東征徐州，劉備投奔袁紹。曹操招降關羽後返回，任關羽為偏將軍，賞賜許多財物給他。袁紹派大將顏良在白馬進攻東郡太守劉延，曹操派遣張遼和關羽為先鋒進攻顏良。

關羽遠遠望見顏良的帥旗車蓋，策馬上前，斬殺一陣子殺出了一條血路，來到顏良馬前手起刀落，斬了顏良，袁紹軍中的將領們沒人敢出陣阻擋，於是解除白馬之圍。曹操當即上奏朝廷封關羽為漢壽亭侯。起初，曹操欽佩關羽的勇猛，後來發現關羽沒有久留曹營之意，於是待關羽斬殺顏良後，曹操對其賞賜更為厚重。關羽將曹操賞賜的錢物全部封裹好，留下書信告辭曹操而去，趕往袁紹軍營投奔劉備。

後來曹操在赤壁之戰中，被孫劉聯軍，打得大敗，人馬損失很多，曹操在部將的拚死保護下，才逃出來，一路上又遇到伏兵襲擊和追兵衝殺，曹操已是膽顫心驚了。這時關羽率領的伏兵，攔住了曹操的去路，曹操看自己的部下已是人困馬亡，便向關羽求情，關羽念他以前對自己的恩情，就放了他，寧願自己回去受軍法處置。

荊州安定後，劉備就專心對付曹操，諸葛亮設計東西兩路進攻曹操。西路由劉備親自率領大軍向漢中進軍，曹操聽到劉備出兵，馬上組織兵力，親自率兵和劉備對抗。雙方相峙了一年。第二年，在陽平關一次戰役中，蜀軍大勝，魏軍的主將夏侯淵被殺。曹操只得退出漢中，把魏軍撤退到長安。

這一次西面的漢中打了勝仗，就趁這個勢頭，再從東面的荊州攻打中原。

鎮守荊州的是大將關羽。關羽有勇有謀，劉備稱帝後，準備進攻中原，命令關羽進攻。關羽派兩個部將留守江陵和公安，自己親自率領大軍進攻樊城。

樊城的魏軍守將曹仁向曹操緊急求救。曹操派了于禁、龐德兩員大將率領七支人馬前去增援。曹仁讓他們屯兵在樊城北面平地上和城中互相呼應，使關羽沒法攻城。

正在雙方相持不下的時候，樊城一帶下了一場大雨。大水猛漲，平地的水高出地面有一丈多。于禁的軍營紮在平地上，關羽在營中觀察到這一現象，心生一計。借水勢掘開附近河流的護堤，四面八方大水衝來，頓時把七軍的軍營全淹沒了。于禁和他的將士只得找個高地避水。

關羽又趁著大水，安排好一批大小船隻，率領水軍向曹軍進攻。他們先把主將于禁圍住，叫他放下武器投降。于禁被圍在漢水中的小土堆上，逼得無路可退，就垂頭喪氣地投降了。

龐德帶了另一批士兵避水到一個河堤上。關羽的水軍向他們圍攻，船上的弓箭手一起向堤上射箭。

龐德手下有個部將害怕了，對龐德說：「我們還是投降了吧！」

龐德罵那部將沒志氣，拔劍把他砍死在堤上。士兵們看到龐德這樣堅決，也都跟著他抵抗。龐德不慌不忙拿起弓箭

回射,他的箭法很好,蜀軍被射死不少。

這時候,大水越漲越高,堤上露出的地面越來越小。關羽水軍的大船進攻更加猛烈。曹軍的士兵紛紛投降。龐德趁著這亂哄哄的時候,帶了三個將士,從蜀軍士兵中搶了一隻小船,想逃到樊城去。不料一個潮流襲來,把小船掀翻了。龐德掉在水裡,被關羽的水師活捉了。

將士們把龐德帶回關羽大營。關羽好言好語勸他投降,並說他原來的主將馬超已經是劉備的手下。龐德罵著說:「我寧可做魏國的鬼,也不願做你們的將軍!」關羽大怒,一揮手,命令武士把龐德殺了。

關羽消滅了于禁、龐德的七軍。乘勝進攻樊城。樊城裡裡外外都是水,城牆也被洪水沖壞了好幾處。曹仁手下的將士都害怕了。

關羽水淹七軍,聲名大振,這時候,陸渾百姓孫狼發動起義,殺了縣裡的官員,響應關羽。許都以南其他響應的人也不少。

面對如此形勢,曹操建議遷離許都以避開關羽的威脅,司馬懿、蔣濟則認為關羽一路奪關斬將,孫權是不會高興的,應該派人前去結交孫權,讓他派兵從後面襲擊關羽,並答應事成之後割讓東南諸郡封給孫權,這樣樊城之國便可解。曹操採納了這一意見。起先,孫權曾想和關羽結為親

家，關羽辱罵來使，拒絕結親，孫權十分惱恨。

另外，南郡太守糜芳駐守江陵，將軍士仁駐紮公安，兩人一向怨恨關羽看不起他們。當關羽外出打仗，由糜芳、士仁兩處負責供應糧草，兩人不願出力救援關羽。關羽說：「回去後就殺他們。」

糜、士二人都恐懼不安。於是孫權暗中派人會誘降糜、士二人，二人即開城投降孫權。而曹操又派來徐晃率軍救援曹仁，關羽攻不下樊城，只好領兵退還。這時孫權已占據江陵，將關羽及其將士的妻兒老小全部俘獲，關羽軍隊於是軍心渙散各自逃散。孫權派部將堵擊關羽，在臨沮斬殺了關羽及其子關平。

關羽死後，被追諡為「壯繆侯」。關羽不但武藝高強而且很講義氣，忠於一主，被歷代統治者所推崇，後人尊他為「武聖」。

【旁注】

夏侯淵：東漢末年名將。字妙才，夏侯惇族弟，今安徽亳州人，擅長千里奔襲。初期隨曹操征伐，官渡之戰為曹操督運糧草，又督諸將先後平定昌豨、徐和、雷緒、商曜等叛亂。張魯降曹操後夏侯淵留守漢中，於定軍山被劉備部將黃忠所襲，戰死。

曹仁：字子孝，漢族，今安徽亳州人，曹操的遠方堂弟。三國曹魏名將，官至大司馬，封陳侯。曹仁好弓馬騎射，少時不修行檢，及至長成為大將，則變得嚴整，奉法守令。跟從曹操多年，為魏朝立下汗馬功勞。

龐德：字令明，東漢末年雍州南安郡狟道縣，也就是後來的甘肅天水市武山縣四門鎮人。曹操部下的重要將領。此人驍勇善戰，與關羽作戰時，抬棺大戰，以示決心，但因是副將，無權控制戰事，主將剛愎自用，被關羽水淹七軍，龐德終被關羽所擒，誓死不降，被殺。

陸渾：地名，春秋時期，陸渾戎居今河南嵩縣東北一帶。漢代時在此置陸渾縣。五代時併入伊陽縣。漢又有陸渾關，即在縣境。現在的陸渾水庫位於黃河流域伊河中游洛陽市嵩縣境內，是中國1960年代修建的一座以防洪為主的大型水庫。

糜芳：又作麋芳，字子方，今江蘇連雲港人。本為徐州牧陶謙部下，後隨兄長糜竺一同投奔劉備。劉備稱漢中王時，糜芳為南郡太守，與荊州守將關羽不和。後糜芳因未完成供給軍資的任務而被關羽責罵，心中不安，在孫權的引誘下與將軍士仁一同投降東吳，此後在吳國任將軍之職。

曹操（西元155年～220年）：字孟德，小字阿瞞。沛國譙人。東漢末年著名政治家、軍事家、文學家、書法家。一

生以漢朝大將軍、丞相的名義征討四方割據政權，為統一中國北方作出重大貢獻，同時在北方屯田，對農業生產恢復有很大作用。

劉備（西元161年～223年）：字玄德。涿郡涿縣，漢中山靖王劉勝的後代，三國時期蜀漢開國皇帝，即蜀漢昭烈帝。他以仁德為世人稱讚，是三國時期著名的政治家。西元223年病逝於白帝城。史家又稱他為「先主」。後世有眾多文藝作品以其為主角，在成都武侯祠有昭烈廟為紀念。

【閱讀連結】

據說，關羽在戰亂中，曾被流箭射中，後來傷口雖然癒合，但一遇陰雨天氣，臂骨便常疼痛。

醫生說：「箭頭有毒，其毒已滲入骨中，需要在臂上重新開刀，刮去臂骨上的毒素，才能徹底根治。」關羽當即伸出手臂讓醫生為他開刀治病。

當時關羽正請眾將飲酒進餐，臂上刀口鮮血淋漓，流滿了接在下面的盆子，而關羽卻在吃肉喝酒，與大家談笑風聲。

三國第一勇將呂布

呂布（？～西元199年），字奉先。生於東漢時的五原郡,。東漢末年名將，奮武將軍。爵位溫侯。

誅殺董卓，大破張燕，轅門射戟，是漢末群雄之一，自成一方勢力。呂布向來是以「三國第一猛將」的形象存在於人們的心目之中。

呂布從小隨母習文作畫，聰慧好學，一點就通，過目不忘。他生性好鬥，力大過人，喜舞槍弄棒，身高體重超出常人。他青少年時代的許多事情常常被世人提及，五原地區家喻戶曉，人人皆知，並引以為自豪。

西元176年，鮮卑部落軍事聯盟四處武力擴張，對東漢進行掠奪戰爭。呂布因其勇武在并州任職，并州刺史丁原擔任騎都尉，在河內駐紮，任命呂布為主簿，對他很親近。

漢靈帝死後，丁原接到何進的徵召，率領軍隊到洛陽，密謀誅殺宦官，被任命為執金吾。呂布擅長騎射，膂力過人，被稱為「飛將」，不久又被董卓提拔為中郎將，封都亭侯。

漢靈帝死後，丁原進京與大將軍何進密謀誅殺宦官，丁原受朝廷任命為執金吾。適逢何進為宦官所殺，董卓入京，誘呂布殺丁原，進而吞併丁原的軍隊，並任命呂布為騎都尉，同他發誓結為父子，對他十分欣賞信任。不久再任他為中郎將，封都亭侯。

關東軍起兵討董卓時，呂布因與董卓的婢女有染，恐怕事情被董卓發覺，所以心中十分不安。當時，王允等密謀暗殺董卓，於是拉攏呂布，呂布答應，成功刺殺董卓，任職奮武將軍，進封溫侯，與王允同掌朝政。

董卓死後兩個月，其舊部屬李傕和郭汜攻入京城。呂布戰敗，於是倉皇出逃。

呂布先投靠袁術，但因袁術不滿他自恃有功而十分驕恣、恣兵抄掠，所以被拒絕，於是呂布改投袁紹。在袁紹處，呂布與他聯手大破黑山軍，但呂布又恃著功勞，向袁紹請兵，袁紹不應許，呂布將士又多暴橫，所以呂布又被袁紹趕走。

之後呂布投靠了張楊。

西元194年，曹操帶兵討伐陶謙時，張邈與陳宮叛曹迎呂布為兗州牧。當時曹操東征徐州陶謙，聽到消息後立即回師，與呂布數次征戰，最終，呂布不敵，東投劉備，劉備讓他屯兵小沛。

後劉備與袁術相爭，呂布乘機奪取了徐州，自稱徐州牧。劉備只好投於呂布，呂布反讓他屯兵小沛。呂布自稱為徐州牧。

西元 196 年，袁術派大將紀靈帶領步騎共 30,000 多人馬征討劉備，劉備向呂布求援。呂布在離小沛西南 1,000 公尺的地方紮下營寨，派衛士去請紀靈等將領。

呂布對紀靈等人說，他生性不愛看別人互相爭鬥，只喜歡替別人解除紛爭。

他命門候在營門中豎起一支戟，說：「諸位看我射戟上的小支，如一發射中，諸君當立即停止進攻，離開這裡，如射不中，那你們就留下與劉備決一死戰。」

呂布引弓向戟射出一箭，正好中了小支。諸將大為震驚，誇讚說：「將軍您真是有天神般的威力呀！」這就是轅門射戟的由來。

第二天，呂布又與諸將歡會宴飲，然後各自回兵。

袁術想聯合呂布，讓他為自己所用，於是向呂布提出讓他的兒子娶呂布之女為妻，呂布同意了。正巧曹操的使者這時來到，傳天子令，任命呂布為左將軍。

呂布大喜，於是派使者帶著書信，向天子謝恩。

袁術聽說呂布回絕了婚事，便派手下大將張勳、橋蕤等人同韓暹、楊奉合兵，率幾萬步兵騎兵，分七路進攻呂布。

當時呂布只有 3,000 兵力，400 匹馬，擔心抵擋不住，只有用計策。他寫信給韓暹、楊奉說：「二位將軍有救駕之功，而我親手殺掉董卓，一道建立功名，將會留名青史。現在袁術反叛，應當一同討伐他。你們為什麼與反賊來這裡攻打我呢？可趁著現在聯手打敗袁術，為國家除害，為天下建立功業，這個機會不可失去。」

又答應打敗袁術軍隊之後，將軍中錢糧全部給他們。

韓暹、楊奉大為高興，就一同在下邳攻打張勳等人，活捉了橋蕤，其餘人馬潰散逃走，許多人被殺死殺傷，掉在水中淹死，差不多全軍覆沒。呂布率軍追擊袁術至江淮，在岸北大笑之而還。

劉備此時在小沛招納舊部，重新糾集了萬餘人。呂布見劉備勢大，擔心威脅到自己，再加上他原來就不喜歡劉備，就出兵攻打劉備。劉備大敗，前往許都依附曹操。這讓呂布更加憤恨。

其後不久，曹操攻打呂布的根據地下邳。因呂布有勇無謀而多猜忌，諸將又各自猜疑，所以每戰多敗。曹操圍攻 3 個月，決水圍城，呂布軍中上下離心，其部下多有反叛。

呂布在白門樓見曹軍攻急，大勢已去，於是令左右將他的首級交給曹操，左右不忍，他便下城投降。

呂布被捆到曹操面前，他要求鬆綁。曹操笑說：「捆綁老

虎不得不緊。」

呂布又說:「曹公得到我,由我率領騎兵,曹公率領步兵,可以統一天下了。」

曹操頗為心動,但劉備在一旁說:「您看見呂布是如何侍奉和董卓的嗎?」

曹操被劉備這麼一說,立時痛下殺心。

呂布在死前大罵劉備是大耳賊,絕不可信。他說完這話,就被曹操縊殺了。

《三國演義》描寫呂布持方天畫戟,騎赤兔馬,頭戴金冠。「三英戰呂布」時關羽、張飛、劉備三人圍攻呂布,也未能將其戰倒。此書極寫呂布武功之高。另外,今山西省太原市有個中霍村,據傳是呂布故里,有「霍清泉」、「智擒赤兔馬」、「歪脖子樹」等民間傳說,都與呂布有關。

【旁注】

鮮卑:中國北方阿爾泰語系游牧民族,其族源屬東胡部落,興起於大興安嶺山脈。先世是商代東胡族的一支。秦漢時從大興安嶺一帶南遷至西拉木倫河流域。曾歸附東漢。匈奴西遷後盡有其故地,留在漠北的匈奴10多萬戶均併入鮮卑,勢力逐漸強盛。

小沛：漢朝時，徐州沛縣別稱。沛縣古稱沛澤、古沛、明太祖時稱「皇沛」，春秋時屬宋，楚滅宋的沛地，置縣，始稱沛縣。是中國最古老的縣份之一。沛縣是漢高祖劉邦故里，有「千古龍飛地，帝王將相鄉」之稱。

轅門射戟：呂布為了阻止袁術擊滅劉備所使的計謀。後來羅貫中將這個典故改編為膾炙人口的「呂奉先射戟轅門」，也就是《三國演義》第十六回，是三國名將呂布以他精湛的箭法平息了一場戰爭。

下邳：別稱邳國、下邳州。戰國時期，齊威王封鄒忌當下邳的成侯，開始稱該地為「下邳」。漢末呂布、劉備、曹操等都要力爭下邳，著名的曹操灌城、呂布被縊、關羽降漢等歷史故事都發生在這裡。

許都：位於今河南省許昌縣東部的張番鄉古城村。東漢建安元年，即196年，曹操挾天子以令諸侯，以「洛陽殘破」為由遷都於許地，稱許都。

漢靈帝（西元156年～189年）：即劉宏，字大。東漢第十一位皇帝。諡號「孝靈皇帝」，葬於文陵。漢靈帝與其前任漢桓帝的統治時期，是東漢最黑暗的時期，諸葛亮的《出師表》中就有蜀漢開國皇帝劉備每次「嘆息痛恨於桓靈」的陳述。

王允（西元137年～192年）：字子師，太原祁人。漢獻帝初年任司徒、尚書令，錄尚書事、總朝政。當時皇帝只是

一個傀儡，董卓大權在握。王允成功策劃了對董卓的刺殺，但是沒有逃過董卓餘黨李傕等人的反撲，和他的家族一起被處死。

【閱讀連結】

有關呂布傳奇性的出生，在五原縣有很多流傳。

呂布的母親黃氏一天到寺廟拜佛求子，歸來當晚，夢見猛虎撲身，身感有孕。懷孕12個月未見生產，後來移至染織作坊，突然西北上空彩虹映現，光彩奪目，此景奇異。隨之五原山地崩裂，地動山搖。

黃氏身感不適，腹中疼痛難忍，寸步難行，隨臥於布匹之上，不久產生一男嬰。男嬰出世更為奇事，但見臍帶自斷，雙目有神，兩拳緊握，站立面前。黃氏驚奇，急擦去汙物抱於懷中。因出生布上，故起名呂布。

功蓋諸葛的王猛

王猛（西元 325 年～ 375 年），字景略。生於東晉青州北海郡劇縣。前秦丞相、大將軍，著名政治家、軍事家。諡號「武侯」。

他平定李儼，擊破桓溫，滅前燕，輔佐苻堅掃平群雄，統一北方，被稱作「功蓋諸葛第一人」。

王猛幼時家貧如洗，而且當時戰亂頻繁。在兵荒馬亂中，王猛觀察風雲變幻。在悽風苦雨中，他手不釋卷，刻苦學習，廣泛汲取各種知識，特別是軍事知識。

慢慢的，王猛長成為一個英俊魁偉、雄姿勃勃的青年，為人謹嚴莊重，深沉剛毅，胸懷大志，氣度非凡。在以後的數年間，北方的戰亂越演越烈，政局瞬息萬變。

西元 357 年，苻堅自立為大秦天王，改元永興。他接受呂婆樓的建議，懇請王猛出山。

苻堅與王猛一見面便如平生知交，談及興廢大事，句句投機，苻堅覺得就像劉備當年遇到諸葛亮似的，如魚得水。於是，苻堅以王猛為中書侍郎，職掌軍國機密。

從此，王猛就在十六國紛爭、南北對峙的歷史舞臺上大顯身手，傾其文韜武略，幹出了一番轟轟烈烈的大事業來。

王猛執政以來，著力整頓吏治，嚴明賞罰，裁汰冗劣，擢拔賢能；興辦教育，培養人才；調整民族關係，促進民族融合；興修水利，獎勵農桑，努力發展社會生產。

在王猛的全力主持下，革新措施帶來了一派嶄新氣象，使前秦成為諸國中最有生氣的國家，因而勇於與群雄角逐。

王猛既是封建社會時期傑出的軍事家、政治家，也是武勇的戰將。王猛經常統兵征討，攻必克，戰必勝，表現出卓越的軍事才幹和大將風範。

西元360年至370年間，前秦四面受敵：北有建都平城的鮮卑拓跋氏代政權以及其他部族的軍事集團；西有盤踞今甘肅地區的漢人張氏前涼政權、氐族楊氏仇池政權以及分布於今甘肅、青海間的吐谷渾軍事集團；東有立都鄴城的前燕鮮卑慕容氏政權；南有以建康為都的東晉司馬氏政權。其餘尚有若干時生時滅的割據勢力。

苻堅與王猛都沒有苟安關中或偏霸一隅的想法。王猛的願望是統一北方，為將來統一全國打好基礎；苻堅則更雄心勃勃，志在掃六合，以濟蒼生。他們的策略是：穩定西北，使無後顧之憂；爭鋒東南，以圖大業。

西元366年7月，王猛即率軍進攻東晉荊州北境諸郡，

初戰告捷，掠取10,000餘戶北還。

翌年2月，王猛討平羌族叛亂頭目歛歧；4月，大破前涼國主張天錫軍，斬首17,000級；繼而兵不血刃，智擒原張氏部將李儼，奪得重鎮袍罕。

西元367年春，王猛與諸將前往討伐苻柳。苻柳當時據軍事要衝蒲坂起兵反叛，前秦其他割據勢力也各據要衝叛亂。

王猛與諸將前往討伐時，苻柳聞訊，竟然以陝城降燕，請兵接應並伐秦。苻柳出城挑戰，王猛閉壘不應。苻柳以為王猛怯陣，便留下世子守城，自己親率20,000人偷襲長安。

王猛假裝不知，暗中卻派鄧羌率精兵伏擊柳軍，柳軍敗還，又遭王猛全師伏擊，20,000人只有苻柳及其隨從數百騎逃入蒲坂，其餘全都當了俘虜。不久，王猛攻破蒲坂，苻柳身首異處。其餘反叛勢力的主將也都被俘或被殺。

王猛平定苻柳叛亂，為前秦掃清了通往中原道路上的障礙。隨即，便積極準備消滅強鄰前燕。

西元369年4月，桓溫伐燕；7月，溫軍至枋頭，鄴都震動，燕主慕容瑋派人求救於秦，答應割虎牢以西之地給秦。群臣反對救燕。

王猛暗地向苻堅獻策：先出兵與燕共退晉軍，然後乘燕衰頹而取之，這是先救後取之計。否則讓桓溫攻占了中原，

則大事不妙。

苻堅贊同王猛的意見,立即出兵救燕。同年 9 月,燕、秦聯軍大敗晉兵,殺敵 40,000 餘人,桓溫狼狽逃歸。事後,燕毀約不割地給秦,使秦找到了伐燕的藉口。

當年 12 月,王猛統兵 30,000 伐燕,到第二年正月,秦軍占領前燕西部重鎮洛陽。隨後,王猛又遣將占領滎陽,留兵屯守,凱旋西歸。

至此,王猛協同苻堅順利地完成了滅燕第一階段的策略計劃。

西元 370 年 6 月,王猛準備趕往前線再伐前燕。苻堅表示他要親率大軍隨後東進,王猛卻胸有成竹地說:「蕩平殘胡,如風掃葉,不勞陛下親受風塵之苦,只請敕命有關部門給燕國被俘君臣預先造好住房就行了。」

苻堅大喜。王猛統領楊安等 10 員將領,戰士 60,000 人。

前燕執政慕容評聞訊,即刻率 30 萬精兵抵禦秦軍。面對著 5 倍於己的勁敵,王猛毫無懼色,取南路一舉攻下壺關,活捉燕南安王慕容越,所過郡縣無不望風而降。

北路楊安攻晉陽,因城固兵多,兩月未下。王猛即率部分軍隊馳赴晉陽。

到了晉陽,王猛馬不停蹄,繞城檢視,迅速弄清了癥結所在,並想出了克敵妙策。他命令士卒連夜挖通道地,繼派

壯士數百人潛入城中，大呼而出，殺盡守門燕兵，開啟城門，秦軍蜂擁而入，轉瞬間占奪了晉陽全城，又活捉了燕東海王慕容莊。

慕容評聞報，魂飛膽喪。

同年10月，王猛揮師南下，直趨潞川，與慕容評對壘。慕容評認為王猛孤軍深入，糧草不濟，想以持久戰拖垮秦軍。誰知尚未開戰，王猛即派5,000騎兵放火焚燒燕軍輜重，火光沖天，連鄴城官民都望見了。

緊接著，秦燕之間的一場大戰開始了。

決戰那天早上，王猛抓緊時機於陣前誓師。

他慷慨激昂地說：「我王景略受國厚恩，兼任內外要職，現在與諸君深入賊地，大家要竭力致死，有進無退，共立大功，以報答國家。在這次戰鬥中，如能克敵致勝，受賞拜爵於明君之朝，歡慶痛飲於父母之室，將士們，那該是多麼榮耀、多麼值得自豪啊！」

王猛的話就像烈火一般把將士們的熱血燃燒起來了。

王猛命令鄧羌衝闖敵人密集處，鄧羌捧起酒罈子「咕嘟咕嘟」大喝了一頓，然後躍馬橫槍，與猛將徐成、張蠔等直撲敵陣，往來衝殺，如入無人之境。

戰到中午，燕軍大敗，損失50,000餘人。王猛指揮部隊乘勝追擊，又殲滅敵軍10萬餘人。慕容評單人匹馬逃回鄴

城,殘軍四散逃盡。

王猛率軍長驅而東,包圍了鄴城。鄴城附近原先劫盜很多,這時變成了遠近清靜。王猛號令嚴明,官兵無人敢犯百姓,法簡政寬,燕民無不額手稱慶,奔走相告。

這時,苻堅親率10萬精兵前來會師,燕臣開城門投降。而逃走的慕容暐、慕容評等全部被追拿回來,前燕滅亡了。

苻堅給王猛加官晉爵,封為清河郡侯;又賜予美妾、歌舞美女共55人,良馬百匹,華車10乘。王猛堅決謝辭,不想接受。他鎮守鄴城,選賢舉能,除舊布新,安定人心,發展生產,燕國舊地六州之民如同旱苗逢雨,歡欣雀躍。

後來,王猛入朝任丞相,都督中外諸軍事,與苻堅回過頭來解決殘存於西北等地的割據勢力。

他們先滅仇池,孤立了前涼,接著,隴西鮮卑乞伏部、甘青之間的吐谷渾等也都臣服於秦。在此後的三四年時間裡,前秦已基本上統一了北方。

十分天下,秦居其七,東南地區的晉政權已感到巨大的壓力,無人再敢提出北伐前秦之事。

西元375年6月,積勞成疾的王猛終於病倒了。苻堅親為王猛祈禱,並派侍臣遍禱於名山大川。

這年7月,苻堅見王猛病危,趕緊詢問後事。王猛睜開雙眼,望著苻堅說:「晉朝雖然僻處江南,但為華夏正統,而

功蓋諸葛的王猛

且上下安和。臣死之後，陛下千萬不可圖滅晉朝。鮮卑、西羌降伏貴族賊心不死，是中國的仇敵，遲早要成為禍害，應逐漸剷除他們，以利於國家。」

說完便停止了呼吸。

王猛去世，苻堅3次臨棺祭奠慟哭，對人說：「老天爺是不想讓我統一天下呀，怎麼這樣快就奪去了我的景略啊！」

於是，按照漢朝安葬大司馬大將軍霍光那樣的最高規格，隆重地安葬了王猛，並追諡王猛為「武侯」，就像蜀漢追諡諸葛亮為「忠武侯」一樣。秦國上下哭聲震野，三日不絕。

王猛51歲死時，苻堅才38歲。失去這位兄長、老師和最得力的助手，苻堅頓時陷於極度悲痛之中，經常潸然淚下，不到半年便已鬚髮斑白了。苻堅恪遵王猛遺教，兢兢業業地處理國事，最後完全實現了北方的統一。

【旁注】

十六國：主要指5個北方內遷民族在中國北部及蜀地建立的政權，其中封邦命氏成為國者有前涼、後涼、南涼、西涼、北涼、前趙、後趙、前秦、後秦、西秦、前燕、後燕、南燕、北燕、胡夏、成漢。此外還有當時影響較大的高句麗、西燕和內遷丁零之翟魏等，實際遠不止16國。

六合：漢語詞語，常用於指上下和四方，泛指天地或宇

中古時期─將帥風雲

宙。此外，六合在武術、十二生肖和天干地支方面也有不同含義。

苻柳（？～西元368年）：苻健少子，苻生之弟，晉公。苻堅時，為車騎大將軍、尚書令、并州牧。西元367年10月其與苻雙、苻廋、苻武等發動內亂，西元368年9月，被王猛斬。

慕容評：前燕奠基人慕容廆的小兒子。歷任前燕前軍帥、上庸王、司徒、輔弼將軍、太宰、太傅。與慕容恪、陽鶩、慕輿根同為託孤重臣。在慕容恪死後任前燕幽帝慕容暐的攝政，領袖群臣。

鄴城：遺址位於河北省臨漳縣西南13公里的漳河北岸，在今安陽市區東北20公里處，距邯鄲市40公里。始築於春秋齊桓公時。曹魏、後趙、冉魏、前燕、東魏、北齊先後以此為都，北周時為楊堅焚毀。

前涼：十六國時期的國家，五涼之一，並且是十六國中享國最久的國家。漢族張駿所建。都姑臧。存在時間是西元320年至376年，一說西元314年至376年。

苻堅（西元338年～385年）：字永固，又字文玉，小名堅頭，十六國時期前秦的皇帝。苻堅在位前期勵精圖治，使前秦基本統一北方；但後來在伐晉的「淝水之戰」中大敗，自此一蹶不振，又遭到之前投降的鮮卑、羌人的背叛而出逃，最後被羌人姚萇所殺。

桓溫（西元312年～373年）：字元子。東晉傑出軍事家、權臣，譙國桓氏代表人物。歷任征西大將軍、開府、南郡公、侍中、大司馬、都督中外諸軍事、揚州牧、錄尚書事等職。諡號「宣武」。留下「神州陸沉」、「流芳百世」、「遺臭萬年」等典故。

霍光（？～西元前68年）：字子孟。漢代河東平陽人。是漢昭帝的輔政大臣，執掌漢室最高權力近20年，為漢室的安定和中興建立了功勳，成為西漢歷史發展中的重要政治人物。

【閱讀連結】

有一回，王猛遠到洛陽賣貨，碰到一個要出高價買畚箕的人。那人說是身上沒帶錢，請王猛跟他到家裡拿錢。

王猛跟著那人走，結果走進深山，被帶到一位鬚髮皓然、侍者環立的老翁面前。

王猛向老翁揖拜，老翁連忙說：「王公，您怎麼好拜我呀！」於是，老翁給了王猛10倍於常價的買畚箕錢，並派人送行。王猛出山回頭細看，才認出原來是中嶽嵩山。

這段故事說明，少年王猛雖然身在泥途，卻已被獨具慧眼的有識之士發現了。那位老翁大概是個留心訪察濟世奇才而又有先見之明的隱士。

足智多謀的史萬歲

史萬歲（西元 550 年～ 600 年），隋朝名將。因屢立戰功，授車騎將軍、行軍總管、左領軍將軍、柱國大將軍。

在隋朝統一天下的戰爭中，曾以單騎退敵，決定戰局，立下了不朽的功績，使他成為隋初著名戰將之一。

史萬歲出身於軍人世家，從小就喜歡騎馬射箭，與研讀兵書，並非常熟練。史萬歲 15 歲時，北齊與北周爆發邙山之戰，他跟著父親從軍，他觀察北周軍隊的旗鼓，便叫人換裝撤退，後來北周果然戰敗，父親就對他刮目相看。

西元 580 年 5 月，尉遲迥因不滿楊堅的專政，出兵反楊。史萬歲跟隨梁士彥的軍隊去攻打尉遲迥。當軍隊到了馮彥時，有一群雁子飛來，史萬歲跟梁士彥說他會射中第三隻，後來果然射中了，讓軍隊都對他非常的信任。

此後，史萬歲跟尉遲迥軍隊作戰時，每場戰鬥都在最前線。並在鄴城一個人砍殺了數十名敵軍士兵。後來尉遲迥兵敗之後，史萬歲因為戰功而被任命為大將軍。

隋朝開皇初年，大將軍爾朱績因為謀反而被殺，史萬歲因為與爾朱績交情不錯而被拖累，官職被罷免，發配到敦煌

擔任士兵。

史萬歲在敦煌時，他的長官也相當勇猛，常常一個人騎馬衝進突厥的軍隊之中，並有所斬獲，突厥不是他的對手。

但是這位長官非常自負，常常辱罵史萬歲。史萬歲很怕他，卻說自己也能跟長官一樣勇猛。長官就命令他表演騎馬射箭，史萬歲笑著說：「我一定可以做到的。」說完拿了弓箭與馬匹就往突厥軍隊衝去，搶得許多家畜。

他的長官終於相信他，並且每次都帶他同行，常常深入突厥數百公里，名聲響遍北方。

西元583年，隋朝派竇榮定攻擊突厥阿波可汗，史萬歲自行向竇榮定毛遂自薦，竇榮定因為久聞齊名，所以非常開心，派使者去跟突厥說，各派一個戰士來單挑決勝負。

阿波可汗答應了，並派遣一個騎士來挑戰。竇榮定派史萬歲去迎擊，史萬歲擊敗對手之後斬下他的頭帶回來，突厥也因此退兵。史萬歲也因此被任命為上儀同兼任車騎將軍。

西元590年，高智慧、沈玄儈等人在江南叛亂，史萬歲以行軍總管的職務跟隨楊素去作戰。史萬歲在東陽與楊素分開，自行帶兵作戰，之後700多場戰鬥之中，行軍超過千里。

戰事結束後，史萬歲因戰功而被封為左領軍將軍。

南寧的羌族領袖爨翫歸降隋朝，被任命為昆州刺史，但是後來又叛變。西元597年，隋文帝派史萬歲以行軍總管的

職務去攻打爨翫。

史萬歲從蜻蛉川進入南寧，經過弄凍、小勃弄、大勃弄而到達南中。爨翫軍隊雖然都占據險要的位置，卻依然被史萬歲一一擊破。

史萬歲行軍數百里發現了諸葛亮討伐孟獲後所立之記功碑，就在碑的背面寫道：「萬歲之後，勝我者過此。」並命令手下將其碑翻倒之後繼續前進。

渡過了西二河，進入渠濫川，行軍了 500 多公里，擊敗了 30 多支爨翫的軍隊。爨翫於是派遣使者談判，送上許多明珠寶物，並刻石碑讚頌隋朝。

史萬歲上書希望讓爨翫一起回到首都，隋文帝也答應他。但是爨翫有所企圖，並不想前往。於是，史萬歲便放棄爨翫，自行回到長安。

史萬歲因為擊敗爨翫而被任命為柱國。晉王楊廣非常敬佩他，並對待他如同好朋友一樣。隋文帝楊堅知道了之後，就命令史萬歲負責晉王府的安全。

西元 600 年，突厥達頭可汗帶軍隊進攻隋朝邊境，隋文帝下令晉王楊廣與楊素從靈武道出兵，漢王楊諒與史萬歲從馬邑道出兵，圍攻達頭可汗。

史萬歲率領柱國張定和、大將軍李藥王與楊義臣等人離開邊界，行軍到大斤山時遇到達頭可汗的軍隊。

足智多謀的史萬歲

達頭可汗派遣使者問隋軍說:「你們軍隊的統帥是誰?」

士兵回答說:「是史萬歲。」

突厥又問:「是當年那個敦煌的士兵嗎?」

隋軍回答說:「是的。」

達頭可汗聽到之後就退兵。史萬歲追了50多公里才追上突厥軍隊,並且成功擊敗突厥軍隊,將他們往北方驅逐數百公里才回兵。

這是中國歷史上僅有的一次以「單挑」的形式決定戰局的例子。單憑這一點,史萬歲就該名留千古。

楊素忌妒史萬歲的戰功,就跟隋文帝報告說:「突厥並沒有敵意,他們是為了到我們邊境附近畜牧而靠近邊境的。」因此就隱瞞了史萬歲的戰功。

史萬歲數次上書給隋文帝,但是隋文帝都不管。

有一次,隋文帝剛從仁壽宮回到京城,而且剛剛廢了皇太子楊勇,所以很怕楊勇的黨羽會叛變。

隋文帝問人說史萬歲在哪邊,雖然史萬歲正在朝廷,但楊素知道隋文帝不喜歡楊勇,就故意說史萬歲正在與楊勇會面,用這話使隋文帝生氣。

隋文帝以為是真的,就下令傳喚史萬歲。

在當時,史萬歲有數百士兵因為沒有戰功而覺得很冤

枉，史萬歲跟他們說：「我今天面見皇帝時要為你們請功。」

史萬歲見到隋文帝，對隋文帝說：「將士都有戰功，可是朝廷卻忽視他們。」

這話讓隋文帝很不高興。再加上史萬歲說話語氣強烈，隋文帝越發震怒，令武士將史萬歲暴殺於朝堂。既而後悔，但已追之不及。只好下詔指責史萬歲的罪狀。

史萬歲死之日，天下人不管認識還是不認識，莫不為之扼腕。

【旁注】

邙山之戰：是南北朝時期西魏柱國大將軍宇文泰對東魏發動的戰役。西元543年3月，兩軍在邙山決戰，西魏軍大敗。此戰之後，東魏乘勝追擊，收復虎牢，平定了北豫州和洛州。

尉遲迥：（西元516～580），字薄居羅。鮮卑族。宇文泰外甥。能征善戰，好施愛士，位望崇重。北周初，拜柱國大將軍。宣帝即位，為相州總管。帝死，楊堅獨攬天下兵馬事，他起兵討堅，兵敗自殺。

阿波可汗：名阿史那大邏便。突厥可汗，木桿可汗之子。隋朝曾經分化突厥的勢力，後來，阿波可汗建立西突厥。但阿波可汗又侵犯隋朝。後被莫何可汗擒獲，獻於隋朝。

大斤山：即今內蒙古大青山。內蒙古大青山西至包頭昆都侖河，東至呼和浩特大黑河上游谷地。東西長240多公里，南北寬20公里至60公里，海拔1,800公尺至2,000公尺，主峰大青山海拔2,338公尺。

楊勇（？～西元604）：字地伐，隋文帝楊堅的長子，母獨孤皇后。原本是隋文帝的太子，後來被廢為庶人。楊廣即位後，立即假擬漢文帝詔書，賜死楊勇。死後追封為房陵王。

楊素（西元544年～606）：字處道。隋朝權臣、詩人，傑出的軍事家、統帥。他出身北朝士族，與楊堅，即隋文帝深相結納。楊廣即位，拜司徒，改封楚國公。卒諡「景武」。

楊廣（西元569年～618年）：一名英，小字阿麼。華陰人，生於長安。隋文帝楊堅、獨孤皇后的次子。西元604年繼位。他在位期間，因為濫用民力，造成天下大亂直接導致了隋朝的滅亡，後在江都被部下縊殺。

【閱讀連結】

史萬歲在平定江南叛亂時，曾經帶領偏師迅速突進500多公里，由於和主力部隊分開，其間有100多天沒有消息。

在這樣的情況下，幾乎所有人都以為史萬歲已經戰死了。其實，史萬歲在長途奔進過程中，早就寫好了一封書

信,把它捲成卷塞進一個竹筒之中,然後將竹筒放入一條流向主力部隊方向的河水中,讓它隨流漂走。

這個竹筒終於被搜尋史萬歲的士兵撿到了,就馬上送到主將這裡。主將將此事報知隋文帝。隋文帝知道後讚嘆不已,很佩服史萬歲的勇氣和智慧。

勇猛將帥薛仁貴

薛仁貴（西元614年～683年），名薛禮，字仁貴。生於唐時山西絳州龍門修村。唐代著名軍事家、政治家，任右威衛大將軍，安東都護。封平陽郡公，追左驍衛大將軍，幽州都督。

隨唐太宗李世民、唐高宗李治創造了軍事和政治上的赫赫功勳。薛仁貴的故事廣為民間流傳。

薛仁貴自幼家貧，但是習文練武，刻苦努力，天生臂力過人。但是生於亂世之中，未有什麼發展，只有在家務農。30歲時，在頗有見識的妻子柳氏的勸告下，他應徵參軍。

剛當成小兵不久，薛仁貴就憑藉自己的勇猛立功了。

西元645年，唐太宗李世民於洛陽出發征討高句麗。在遼東安地戰場上，有一次唐朝將領劉君邛被敵軍團團圍困，無法脫身，無人能救。在此危難時刻，薛仁貴單槍匹馬挺身而出，直取高句麗一將領人頭，將頭懸掛於馬上，敵人觀之膽寒，於是退卻。劉君邛被救。

於百萬軍中取上將首級，使薛仁貴名揚軍中。回到中原以後，薛仁貴被委以重任，統領宮廷禁衛軍，被派駐在玄武門。

做宮廷禁衛軍統領雖不是職位特別高的官，但那是守衛皇帝的安全工作，是很重要的職位。薛仁貴農民出身，沒有任何家庭背景和人際關係，可以被皇帝這樣信任，足可見其忠義與實力，同時也能看出這個職位的意義非凡。

西元 654 年閏五月初三夜，天降大雨，山洪暴發。水衝至玄武門，保護皇帝的人大多都已逃命去了。薛仁貴很憤怒，說：「天下哪有見到天子有難就逃跑的禁軍！」然後，他冒死登上門框，向皇宮大聲呼喊，以救唐高宗。

洪水過後，唐高宗李治感謝薛仁貴救命之恩，他說：「幸虧愛卿高聲呼喊，朕才避免被淹死。別人見死不救，你卻臨危不懼，現在我才知道這世上有忠臣！」

根據記載，這次山洪附近死了幾千人。幸好薛仁貴在。唐高宗非常感謝薛仁貴，以至於日後多次提起這事，這件功勞也許大家認為不是什麼開疆擴土的大功，但皇帝認為薛仁貴功勞很大，畢竟是救了自己一命。

從此，薛仁貴的人生上了一個新的階段。

唐朝將領多數都是到中年才允許統領軍隊。守了 10 多年玄武門的薛仁貴已經 44 歲了，終於在西元 658 年可以統帥軍隊了。

也就在這一年，唐高宗命程名振征討高句麗，以薛仁貴為其副將。從此，開始了他那充滿傳奇色彩的軍事將領生涯。

在征討高句麗的戰鬥中，薛仁貴立下了赫赫戰功。在貴端城之戰，薛仁貴在開戰不久就擊敗了高句麗軍，斬首3,000餘級。

在橫山之戰，薛仁貴和梁建方、契必何力等，合力大戰高句麗大將溫沙門。當時，薛仁貴手持弓箭，一馬當先，衝入敵陣，所射者無不應弦倒地。

在石城之戰，開始時高麗軍殺唐軍10餘人，無人敢當。薛仁貴見狀大怒，單騎突入，直取敵將。那個敵將懾於薛仁貴勇武，來不及放箭，即被薛仁貴生擒。

在黑山之戰，薛仁貴與辛文陵攻擊契丹軍，擒契丹王阿卜固以下將士。此戰後，薛仁貴因功拜左武衛將軍，封河東縣男。

西元661年，一向與唐友好的回紇首領婆閏死，繼位的比粟轉而與唐為敵。唐高宗詔鄭仁泰為主將，薛仁貴為副將，領兵赴天山擊九姓回紇。

臨行前，唐高宗特在內殿賜宴，席間唐高宗讓薛仁貴試射鎧甲。薛仁貴應命，取弓箭望甲射去，只聽弓弦響過，箭已穿五甲而過。唐高宗大吃一驚，當即命人取堅甲賞賜薛仁貴。

鄭仁泰、薛仁貴率軍赴天山後，回紇九姓擁眾10餘萬相拒，並令驍勇騎士數十人前來挑戰。薛仁貴臨陣發3箭射死

3人，其餘騎士懾於薛仁貴神威都下馬請降。薛仁貴乘勢揮軍掩殺，九姓回紇大敗，所降全部坑殺。

接著，薛仁貴又越過磧北追擊殘敵，擒其首領兄弟3人。

薛仁貴收兵後，軍中傳唱說：「將軍三箭定天山，壯士長歌入漢關。」從此，回紇九姓衰敗，不再為邊患。

西元666年，高句麗莫離支淵蓋金死，其子於泉男生繼位，但為其弟泉男健驅逐，特遣使者向唐求救。唐高宗派龐同善、高品前去慰納，為泉男健所拒，於是，唐高宗命薛仁貴率軍援送龐同善、高品。

行至新城，龐同善為高句麗軍襲擊。薛仁貴得知後，率軍及時趕到，擊斬敵首數百級，解救了龐同善。龐同善、高品進至金山，又被高句麗軍襲擊，薛仁貴聞訊後，率軍將高句麗軍截為兩斷奮擊，斬首5,000餘級，並乘勝攻占高句麗南蘇、木底、蒼巖三城，與泉男生相會。

唐高宗聞之戰報，特下詔慰勉薛仁貴。接著，薛仁貴又率軍進攻高句麗重鎮扶餘城。這時，部將都以兵少，勸他不要輕進。

薛仁貴說：「兵在善用而不在多，於是率軍出征。」

在扶餘城戰役中，薛仁貴身先士卒，共殺敵萬餘人，攻拔扶餘城，一時聲威大震。扶餘川40餘城，也紛紛望風降服。

這時，唐朝政府又派李績為大總管進攻高句麗。薛仁貴也沿海繼進，與李績合兵於平壤城。最後，高句麗降伏。

攻降高句麗後，唐高宗命薛仁貴與劉仁軌率兵20,000人留守平壤，並授薛仁貴為右威衛大將軍，封平陽郡公，兼安東都護。薛仁貴受命後，移治平壤新城。

薛仁貴在任安東都護期間，撫愛孤幼，存養老人，懲治盜賊，擢拔賢良，褒揚節義之士，高句麗士民安居樂業。

就在薛仁貴治理平壤新城期間，吐蕃漸趨強盛，擊滅了慕容鮮卑建立的吐谷渾，又侵略唐西域地區。為此，唐高宗調任薛仁貴為邏婆道行軍大總管，並以阿史那道真、郭待封為副將，率軍10餘萬人，征討吐蕃。

薛仁貴奉命西行，軍至大非川。

在是否進軍烏海的問題上，薛仁貴對阿史那道真說：「烏海地勢險要，瘴氣彌天，是我等遠來之軍的死地，可謂充滿凶險的一條路。但是，假如我們神速進軍，就一定能成功，遲疑不決就必然失敗。我建議留守一些部隊守住大本營。我們現在所處的地勢寬闊平坦，可以於險要處設定幾個懸籠，籠內裝上輜重，留萬人把守。我帶軍日夜兼程，奇軍奔襲吐蕃，必可獲勝。」

阿史那道真同意了薛仁貴的建議。他們讓副將郭待封帶隊留守，臨行前，薛仁貴又囑咐郭待封千萬不可輕舉妄動，

只等前線消息,做好接應工作。

薛仁貴安排好後,率部前往烏海。到了河口一帶,與吐蕃守軍數萬人遭遇。薛仁貴率軍一陣衝殺,將吐蕃守軍斬獲殆盡。薛仁貴收其牛羊萬餘頭,浩浩蕩蕩,向西而去,直逼烏海城。

與此同時,他派千餘騎兵回大本營接運輜重。然而,不想這時郭待封已被吐蕃擊敗。薛仁貴因無輜重接濟,向大本營方向退軍。

吐蕃軍聞訊,調集 40 萬大軍前來進攻,唐軍抵禦不住,大敗。但吐蕃並不窮逼,以唐軍不深入為條件與唐議和,薛仁貴不得已應允,然後率敗軍東歸。

這是薛仁貴僅有的一次敗績。但此戰也使吐蕃認識到,唐軍遠師奔襲的速度快得驚人,因此不敢再於西域地區任意所為。

西元 681 年,東突厥不斷侵擾唐北境,已經 69 歲高齡的薛仁貴帶病冒雪率軍進擊,以安定北邊。

在雲州,也就是今天的山西省大同一帶,薛仁貴和突厥的阿史德元珍作戰。

突厥人問唐兵:「唐朝的將軍是誰?」

唐兵說:「薛仁貴。」

突厥人不信,說:「我們聽說薛仁貴將軍已經死了,怎麼

還能活過來？別騙人了！」

薛仁貴聽說後，走上前來脫下安全帽，讓突厥人看看清楚。

薛仁貴威名太大了，以前曾經打敗過九姓突厥，殺過許多人，突厥人提起他都怕，現在看見了活的薛仁貴，立即下馬跪拜，把部隊撤回去。

薛仁貴心想，這次來就是為了嚴懲你們侵擾唐境的，豈能因為受了幾拜就退兵！於是，他立即率兵追擊。雲州之戰，薛仁貴又打了一個大勝仗，斬首10,000多，俘虜30,000萬多，還繳獲了許多牛馬。

此戰過後，西元683年，戰功顯赫的薛仁貴因病於雁門關去世。雲州之戰，竟然成了薛仁貴人生最後一場光輝戰爭。

【旁注】

高句麗：是前1世紀至7世紀在中國東北地區和北韓半島存在的一個民族政權，與百濟，新羅合稱北韓三國時代。其人民主要是濊貊和扶餘人，包括沃沮和東濊，後又吸收些靺鞨人，古北韓遺民及三韓人。

梁建方：初唐勇將，大致活躍於唐高祖武德元年，即西元618年間至唐高宗顯慶四年，即西元659年間。在唐朝統

一戰爭和對外戰爭中均立下汗馬功勞。但史籍記載很少。

回紇：中國古代北方及西北的少數民族。唐德宗時改稱回鶻。回紇汗國從西元646年建立，至西元840年滅亡的近200年裡，助唐平定安史之亂、抵禦吐蕃對西域的進攻，和唐王朝保持著相當密切的政治、經濟和文化往來，促進了唐代的中外文化交流。

莫離支：高句麗後期出現的一種新官職，莫離支是自設的一種取代大對盧的新的最高官職，並非是舊有的任何一種官職，它的職能其實已超出了宰相的性質，而且具備了專制權臣為篡奪王位而自設的臨時性特殊官職的特點。

安東都護：都護是官名，為駐守邊境地區的最高長官。安東都護府是唐朝6個主要都護府之一，原為唐朝和新羅聯軍在滅亡高句麗之後，建立的管理高句麗故地的機關。羅唐戰爭後，安東都護府從平壤搬到遼東，成為唐朝管理遼東，以及高句麗、渤海國等地的一個軍政機關。

吐蕃：7世紀至9世紀時古代藏族建立的政權，是一個位於青藏高原的古代王國，首領由松贊干布到達摩，前後延續200多年，是西藏歷史上創立的第一個政權。

東突厥突厥汗國被隋朝分裂以後，成為東西突厥兩部。東突厥汗國立國於西元552年，強盛時疆域囊括阿爾泰山到大興安嶺之間的整個蒙古高原及附近地區，西元629年被唐朝所滅。

唐太宗李世民（西元599年～649年）：隴西成紀人。唐朝第二位皇帝，在位23年，諡號「文武大聖大廣孝皇帝」，尊號「天可汗」，廟號太宗。開創了中國歷史著名的「貞觀之治」，使社會出現了國泰民安的局面，將中國傳統農業社會推向興盛。

唐高宗李治（西元628年～683年）：字為善。唐太宗李世民第九子，其母為長孫皇后，為嫡三子。唐朝第三任皇帝。李治在位34年，葬於乾陵，諡號「天皇大帝」，廟號高宗。在位期間，設立安東、安南、單于都護府，唐朝疆域在其統治時期達到巔峰。

【閱讀連結】

薛仁貴幼時家貧，到柳員外家做苦力謀生。柳家千金柳銀環被薛仁貴的俠義情懷感動，不顧父親反對，兩人逃離柳家在寒窯喜結良緣。

柳銀環生下龍鳳胎，男叫薛丁山，女叫薛金蓮。薛仁貴30歲的時候仍然窮困不得志，他的妻子說：「有本事的人，要善於抓住時機。現在當今皇帝御駕親征遼東，正是需要猛將的時候，你有這一身的本事，何不從軍立個功名？」

薛仁貴為大唐平叛保國，柳銀環挑起生活重擔，含辛茹苦養兒育女。柳銀環深明大義，實在令人感佩。

中古時期─將帥風雲

近古時期 —— 軍中戰神

　　從五代十國至元代是中國歷史上的近古時期。五代十國時期割據政權短暫，將帥級別的人物常常歸屬於比較穩定的政權，比如楊業就是其中之一。宋朝名將岳飛，其愛國之心天地可鑑，即使明知要被官場暗流溺斃，也在抒發「踏破賀蘭山」的壯志。元代的哲別更是對鐵木真的知遇之恩感恩戴德，願效死力。

　　近古時期的將帥甘願應對戰爭之危、承載軍人使命，即便遭人陷害，即便戰死疆場，他們為國捐軀的軍魂依然長存於天地間。

近古時期—軍中戰神

驍勇善戰的楊業

楊業（約西元926年～986年），名繼業。北宋名將，右領軍衛大將軍。驍勇善戰，屢建奇功。他刀斬蕭多羅，生擒遼將領李重海，使遼軍望之喪膽，看到楊業旌旗就立刻退兵。由於楊業屢立戰功，人們稱他為「楊無敵」。

楊家父子在北宋時為抵抗外族侵略保衛國土，血灑疆場，其事蹟在當代即被人傳述，後經評話、戲曲、小說的渲染，逐漸形成豐富的楊家將傳說。

楊業就是傳說中的楊老令公。他從小愛好騎馬射箭，學了一身武藝。楊業原為北漢軍官，北漢主劉崇賜其姓劉，名繼業。

北宋滅北漢後，楊業隨其主劉繼元降宋，宋太宗命他複姓楊名業。因他熟悉邊事，仍任他為代州刺史，授右領軍衛大將軍，長駐代州抵抗遼兵。

西元980年3月，遼國駙馬蕭多羅率軍10萬侵犯代州北面的雁門關。傳至代州，楊業手下只有幾千騎兵，力量相差太遠，大家都很擔心。

楊業決定出奇制勝，帶領幾百騎兵，從小路繞到雁門關

驍勇善戰的楊業

北面,在敵人背後偷襲。

遼軍正大搖大擺向南進軍,不料一聲吶喊,宋軍從背後殺了出來。遼軍大驚,不知道宋軍有多少人馬,嚇得四散逃奔。這一仗,楊業刀斬蕭多羅,生擒了遼將領李重海,使遼軍望之喪膽。

楊業以少勝多,打了一個大勝仗。宋太宗非常高興,特地給楊業升了官。從此,「楊無敵」的威望越來越高了。

楊業立了大功以後,一些大官僚非常妒忌。他們恐怕楊業的聲望和地位超過自己,就設法排擠陷害他。但宋太宗不聽這些壞話。他把這些奏疏封起來,送給楊業,表示對楊業的信任。那些大官僚的陷害,暫時算是擱下來了。

過了幾年,遼景宗耶律賢病死,他的兒子遼聖宗耶律隆緒繼位。遼聖宗年僅12歲,由他的母親蕭太后執政。宋太宗見遼國政局發生變動,認為機會來了,決計出兵收復遼國占領的燕雲十六州。

西元986年,宋太宗派出曹彬、田重進、潘美率領三路大軍北伐,並且派楊業做潘美的副將。三路大軍分路進攻,旗開得勝。潘美、楊業的一路人馬出了雁門關,很快就收復了4個州。

其中曹彬率領的東路軍因糧草不濟逐漸落後,中路軍田重進隨後也被打敗,宋軍敗局已定,宋太宗於是命令各路宋

軍撤退。但潘美率領的西路軍卻還有另外一個任務，就是掩護四個州的百姓撤退。

潘美、楊業接到命令，就領兵掩護4個州的百姓撤退到狼牙村。那時候，遼軍已經占領寰州，兵勢很猛。楊業建議派兵佯攻，吸引住遼軍主力，並且派精兵埋伏在退路的要道，掩護軍民撤退。

監軍王侁反對楊業的意見，說：「我們帶了幾萬精兵，還怕他們？我看我們只管沿著雁門大路，大張旗鼓地行軍，也好讓敵人見了害怕。」

楊業說：「現在敵強我弱，這樣做一定會失敗。」

王侁帶著嘲笑的口吻說：「楊將軍不是號稱無敵嗎？現在在敵人面前畏縮不戰，是不是另有打算？」

這一句話把楊業激怒了。他說：「我並不是怕死，只是看到現在時機不利，怕讓兵士們白白喪命。你們一定要打，我可以打頭陣。」楊業帶領手下人馬出發了。

楊業出發時，對潘美說：「這次出兵，一定不利。我本想等待時機，為國殺敵立功，如今有人責難我畏敵不前，我願意先死在敵人手裡。」同時，他又說：「你們在陳家谷準備好步兵弓箭，接應我們。否則，軍隊就回不來了。」

說完，楊業就帶領人馬，直奔朔州前線。隨同前往的，還有他的兒子楊延玉和岳州刺史王貴。

驍勇善戰的楊業

楊業出兵沒有多遠,果然遭到遼軍的伏擊。楊業雖然英勇,但是遼兵像潮水一樣湧上來。楊業拚殺了一陣,抵擋不住,只好一邊打一邊後退,把遼軍引向陳家峪。

到了陳家峪,正是太陽下山的時候。楊業退到谷口,只見兩邊靜悄悄,連宋軍的影兒都沒有。

原來楊業走了以後,潘美也曾經把人馬帶到陳家峪。等了一天,聽不到楊業的消息,王侁認為一定是遼兵退了。他怕讓楊業搶了頭功,催促潘美把伏兵撤去,離開了陳家峪。等到他們聽到楊業兵敗,又往另外一條小道逃跑了。

楊業見約定的地點沒人接應,氣得直跺腳,只好帶領部下轉身跟追上來的遼兵展開搏鬥,兵士們個個奮勇抵抗。但是遼軍越來越多,到了後來,楊業身邊只有100多個兵士。他含著淚,高聲向兵士說:「你們都有自己的父母家小,不要跟我一起死在這裡,趕快突圍出去,也好讓朝廷得知我們的情況。」

兵士們聽了這些話,再看看楊業浴血奮戰的情景,感動得都流下熱淚,沒有一個願意離開楊業。最後,兵士都戰死了,楊業的兒子楊延玉和部將王貴也犧牲了。

楊業身上受了10多處傷,渾身是血,還來回衝殺,殺傷了幾百名敵人。

此時,遼國名將蕭達凜從暗中放出冷箭,射中他的戰

馬，馬倒在地下，把他摔了下來。遼兵乘機圍了上來，把他俘虜了。

楊業被俘以後，遼將勸他投降。他抬起頭嘆了口氣說：「我楊業本來想消滅敵人，報答國家。沒想到被奸臣陷害，落得全軍覆沒。哪還有臉活在世上呢？」

他在遼營裡，絕食了三天三夜就犧牲了，享年約59歲。

楊業戰死的消息傳到東京，朝廷上下都為他哀痛嘆息。宋太宗喪失了一名勇將，自然也感到難過。

楊業死後，宋太宗削潘美三級，把王侁除名流金州。

楊業死後，他的子孫繼承其精忠報國的遺志，堅持抗擊遼國。其中楊延昭，楊文廣最負盛名。宋元的民間藝人把楊家將的故事編成戲曲，搬上舞臺。至明代，民間又把他們的故事編成《楊家將演義》、《楊家將傳》，用小說評書的形式在社會民間廣泛傳播。

【旁注】

雁門關：又名西陘關，位於山西省忻州市代縣縣城以北的雁門山中，是長城上的重要關隘，與寧武關、偏關合稱為「外三關」。北宋初期，雁門關一帶是宋遼激烈爭奪的戰場。

燕雲十六州：又稱「幽雲十六州」，「幽薊十六州」。位於今天北京、天津以及山西、河北北部的16個州。宋朝開國之

後，面對遼朝鐵騎由燕雲16州疾馳而至的威脅，時戰時和，因而在燕雲16州發生了許多重要的歷史事件。

蕭達凜：遼朝著名大將、統帥。是繼耶律休哥、耶律斜軫之後的遼國又一名將。因為打敗遼人心中的「楊無敵」而在遼國聲名大振。

王侁：字祕權，河南省開封人。歷官北宋蔚州刺史，雲、應州兵馬都監。西元986年春天，宋太宗北伐，東路主力大敗，遼軍乘勝攻陷蔚州、寰州等地。

宋太宗（西元939年～997年）：名趙炅，本名趙匡義，後因避其兄宋太祖諱改名趙光義，即位後改名炅。宋朝的第二個皇帝。在位共21年，滅掉北漢。廟號太宗，諡號「至仁應道神功聖德文武睿烈大明廣孝皇帝」，葬永熙陵。

遼聖宗耶律隆緒（西元972年～1031年）：小字文殊奴。遼朝在位時間最長的皇帝。廟號聖宗，諡號「文武大孝宣皇帝」。執政時期，使遼朝完成封建化，達到全盛。但聖宗始終沒有處理好皇族與后族關係的問題，為遼朝的衰落埋下伏筆。

楊延昭（西元958年～1014年），本名延朗，後改名楊延昭，也稱楊六郎，并州太原人。北宋抗遼大將楊業之子。在與遼兵作戰中，楊延昭威震邊庭，人們稱楊延昭守衛的遂城為「鐵遂城」。宋真宗稱讚他「治兵護塞有父風」。

【閱讀連結】

據史載，楊業有 7 個兒子，除延玉與父同死之外，其他諸子都曾為國戍邊，其中最著名的是六子楊延昭。七子名為：六子楊延昭、七子楊延嗣、五子楊延德、老大楊淵萍、二子楊延順、三子楊延慶、四子楊延郎。只有六子延昭傳有後代，北宋中期名將楊文廣即是延昭之孫、宗保之子。

而《楊家將》小說中楊業有 8 個兒子，即所謂「七狼八虎」。小說雖然有虛構成分，但主題還是為了彰顯楊業忠君愛國，血戰沙場的精神。

精忠報國的岳飛

　　岳飛（西元1103年～1142年），字鵬舉。生於北宋相州湯陰縣永和鄉孝悌里。中國歷史上著名的策略家，軍事家，民族英雄，抗金名將。諡號「武穆」，宋寧宗時追封為鄂王，改諡號為「忠武」。

　　岳飛被尊為華夏傑出先烈，其一生中「還我河山」和「精忠報國」的愛國精神一直激勵著後人。

　　岳飛出身農家，少年時性情深沉，不愛說話，但他非常好學，尤其喜歡讀《左氏春秋》、孫臏及吳起兵法之類的書籍。在長期的艱苦勞動中，他受到了很好的鍛鍊。他意志堅強，身體結實，力氣很大。十七八歲，他就能拉動300斤的強弓。

　　在那個兵荒馬亂的年代，年輕人都願意抽空練習武藝，以便保家衛國。19歲時，岳飛應募從軍。從此，岳飛開始他那壯麗的軍旅生涯。

　　西元1127年4月，金滅北宋，擄宋徽宗趙佶、宋欽宗趙桓及皇家宗室北歸。5月，康王趙構於南京繼位，史稱南宋，這就是宋高宗。

近古時期─軍中戰神

在南宋初期，宋高宗主張收復失地，啟用了大批主戰將領，其中就有岳飛。岳飛堅決反對議和，主張抗戰到底，收復失地。宋高宗並未採納岳飛的建議，並以越職為由將岳飛罷官。

之後岳飛北上，入河北招討使張所軍中。張所很賞識岳飛，很快升岳飛為「從七品武經郎」、任統制。隨後，命岳飛入王淵部，北上抗金。

岳飛作戰有勇有謀，數敗金兵，聲威大震。

西元1139年，岳飛聽說宋金和議將達成，立即上書表示反對，申言「金人不可信，和好不可恃」，並直接抨擊了相國秦檜出謀劃策、用心不良的投降活動，使秦檜心中抱恨。

和議達成後，高宗趙構下令大赦，對文武大臣大加爵賞。可是，詔書下了3次，岳飛都加以拒絕，不受封賜。後高宗對他好言相勸，岳飛方受。

西元1140年5月，金國撕毀和議，兀朮分四路來攻。由於沒有防備，宋軍節節敗退，城池相繼失陷。隨後高宗命韓世忠、岳飛等出師迎擊。很快，在東、西兩線均取得對金大勝，失地相繼收回。

岳飛揮兵從長江中游挺進，實施銳不可當的反擊，他一直準備著的施展收復中原抱負的時機到來了。

岳家軍進入中原後，受到中原人民的熱烈歡迎。

西元1140年7月，岳飛親率一支輕騎駐守河南郾城，和金兀朮15,000精騎發生激戰。岳飛親率將士，向敵陣突擊，用「鐵浮圖」和「枴子馬」戰術大破金軍，把金兀朮打得大敗。

岳飛部將楊再興，單騎闖入敵陣，想活捉金兀朮，可惜沒有找到，誤入小商河，被金兵射到幾十處箭傷，豪勇無比。

岳家軍將士具有「守死無去」的戰鬥作風，敵人以排山倒海的大力，也不能把岳家軍陣容搖動。

郾城大捷後，岳趁勝向朱仙鎮進軍，金兀朮集合了10萬大軍抵擋，又被岳飛打得落花流水。

這次北伐中原，岳飛一口氣收復了穎昌、蔡州、陳州、鄭州、河南府、汝州等10餘座州郡，中原之地基本被岳家軍所收復，並且消滅了金軍有生力量。金軍全軍軍心動搖，金兀朮連夜準備從開封撤逃。

岳飛本來可以趁機北進，收復更多的失地。但宋高宗擔心這樣會引起金朝統治者的不滿，就連下12道金牌，急令岳飛「措置班師」。在要麼班師、要麼喪師的不利形勢下，岳飛明知這是權臣用事的亂命。

但為了儲存抗金實力，不得不忍痛班師。

當時的岳飛壯志難酬，百感交集，他嘆惜：「靖康恥，猶

未雪；臣子恨，何時滅」，表示願「駕長車，踏破賀蘭山關。壯志飢餐胡虜肉，笑談渴飲匈奴血。待從頭，收拾舊山河，朝天闕。」

一首氣壯山河的《滿江紅》由此作成。

岳家軍班師時，久久渴望王師北定中原的父老兄弟，攔道慟哭。岳飛為了保護老百姓的生命財產，故意揚言明日渡河，嚇得金兀朮連夜棄城北竄，準備北渡黃河，使岳飛得以從容地組織河南大批人民群眾南遷到襄漢一帶，才撤離中原。

金兀朮知道了岳飛撤軍，就又整軍回到開封，不費吹灰之力，又占領了中原地區。

對於秦檜的賣國行為，岳飛曾經極力反對過。岳飛一回到臨安，立即陷入秦檜等人布置的羅網。他遭誣告「謀反」，被關進了臨安大理寺。監察御史萬俟卨親自刑審、拷打，逼供岳飛。

與此同時，宋金政府之間，正加緊策劃第二次和議，雙方都視抗戰派為眼中釘，金兀朮甚至凶相畢露地寫信給秦檜：「必殺岳飛而後可和。」

在內外兩股惡勢力夾擊下，岳飛正氣凜然，光明正大，忠心報國。從他身上，秦檜一夥找不到任何反叛朝廷的證據。

韓世忠當面質問秦檜，秦檜支吾其詞「其事莫須有」。

韓世忠當場駁斥：「『莫須有』三字，何以服天下？」

西元1142年1月27日夜，岳飛在杭州大理寺獄中被殺害，時年39歲。臨死前，他在供狀上寫下「天日昭昭，天日昭昭」8個大字。

岳飛被害後，獄卒隗順冒了生命危險，將岳飛遺體背出杭州城，埋在錢塘門外九曲叢祠旁。隗順死前，又將此事告訴自己的兒子，並說：「獄帥精忠報國，今後必有給他昭雪冤案的一天！」

西元1162年，宋孝宗即位，準備北伐，便下詔平反岳飛，諡武穆，改葬在西湖棲霞嶺，即杭州西湖畔「宋嶽鄂王墓」，並立廟祀於湖北武昌，額名忠烈，修宋史列志傳記。

岳飛雖然被殺害了，但他的精忠報國的偉業是不可磨滅的！

【旁注】

秦檜（西元1090年～1155年）：字會之。生於宋朝江寧府。北宋末年任御史中丞，與宋徽宗、欽宗一起被金人俘獲。南歸後，任禮部尚書，兩任宰相。中國歷史上十大奸臣之一，因以「莫須有」的罪名處死岳飛而遺臭萬年。

兀朮（？～西元 1148 年）：也叫完顏宗弼，本名斡啜，又稱作斡出、晃斡出。女真族。姓完顏。太祖完顏阿骨打第四子。金朝名將，開國功臣。有膽略，善射。一直是金國主戰派的代表，並主導了多次南侵，戰功赫赫。迫宋稱臣。

韓世忠（西元 1089 年～1151 年）：字良臣，陝西省綏德縣人，兩宋之際的名將，民族英雄。他英勇善戰，胸懷韜略；不肯依附丞相秦檜，為岳飛遭陷害而鳴不平。死後被贈為太師，追封通義郡王；孝宗時，又追封蘄王，諡號「忠武」，配饗高宗廟廷。是南宋朝一位頗有影響的人物。

臨安：宋室南遷，於西元 1138 年定行在於杭州，改稱臨安。所謂行在，名義上並非帝都，但實際上是皇帝、皇宮和朝廷所在並行使首都職能的地方。臨安作為行在直至西元 1276 年南宋滅亡為止。在此前的西元 1131 年，宋高宗在紹興建立南宋王朝，改元為紹興元年，把紹興定為首都。

大理寺：掌刑獄案件審理的最高官署。秦漢為廷尉，北齊為大理寺，歷代因之，清為大理院。大理寺的機構設定在不同朝代各有差異。宋分左右寺，左寺複審各地方的奏劾和疑獄大罪，右寺審理京師百官的刑獄。其主官稱卿，下設少卿、丞及其他員役。

宋欽宗（西元 1100 年～1156 年）：即趙桓，原名趙亶，又名趙煊。北宋末代皇帝。在位一年零兩個月。葬於永獻

陵。諡號「恭文順德仁孝皇帝」。為人優柔寡斷，反覆無常，對政治問題缺乏判斷力。靖康之變時被金人俘虜北去，西元1156年病死於燕京。

宋高宗（西元1107年～1187年）：名趙構，字德基。南宋開國皇帝。在位35年。廟號高宗。統治期間，雖迫於形勢以岳飛等大將抗金，但重用投降派秦檜。後以割地、納貢、稱臣等屈辱條件向金人求和，殺害岳飛。精於書法，善真、行、草書，筆法灑脫婉麗，自然流暢，頗得晉人神韻。著有《翰墨志》，傳世墨跡有《草書洛神賦》等。

宋孝宗（西元1127年～1194年）：名趙昚，名伯琮，後改名瑗，賜名瑋，字元永。南宋第二位皇帝。在位27年。死後葬於永阜陵。在位期間，平反岳飛冤獄，銳意收復中原，同時，積極整頓吏治，重視農業生產。這一時期百姓太平安樂，史稱「乾淳之治」。

【閱讀連結】

西元1126年金兵大舉入侵中原，岳飛因父喪守孝後再次投軍。

臨行前，母親姚太夫人問他什麼打算？

岳飛說：「到前線殺敵，精忠報國！」

姚太夫人聽了兒子的回答，十分滿意，「精忠報國」正是母親對兒子的希望。她決定把這4個字刺在兒子的背上，讓他永遠銘記在心。刺完之後，岳母又塗上醋墨。從此，「精忠報國」4個字就永不褪色地留在了岳飛的後背上。

母親的鼓舞激勵著岳飛。岳飛投軍後，作戰勇敢，多次打敗金軍，後來成為著名的抗金英雄，受歷代人民所敬仰。

蒙古第一猛將哲別

哲別（？～約西元1224年），又稱作者別、只別，原名只兒豁阿歹。生於於蒙古別速部。蒙古帝國第一猛將。與速不臺、者勒蔑、忽必來並稱「蒙古四獒」。

他征伐金國，攻取居庸關，平滅西遼，執斬屈出律，西征歐亞，大破各國聯軍，在統一蒙古諸部時多建戰功。

西元1201年，鐵木真與札木合所率十一部聯軍會戰於闊亦田地方，哲別射傷了鐵木真的白嘴黃馬。在這次戰役中，鐵木真拚死獲勝，泰赤烏部勢衰，哲別終於投奔鐵木真。

哲別的名字是鐵木真給他起的，意思是「箭鏃」，要他「就像我跟前的『哲別』似的保護我」。從此，哲別成為鐵木真麾下的一員大將。

西元1202年，鐵木真征伐塔塔兒部時先立誓約說：「戰勝追擊時，不取遺物，待事畢散發。」事後族人按彈、火察兒和答力臺背約，鐵木真派哲別和忽必來兩人去奪沒他們掠獲的全部牲畜和財物，分給軍中。

後鐵木真初建怯薛，此時的哲別已是一名重要成員。

近古時期—軍中戰神

　　西元1204年，鐵木真進伐乃蠻部，遣忽必來與哲別為前鋒。當時，哲別與忽必來、者勒蔑、速不臺以「四狗」聞名，被形容為具有「銅的額顱、鑿子似的嘴、鐵的心、錐子似的舌」的凶猛戰將。這一仗，鐵木真大勝，擒殺乃蠻部首領太陽汗。

　　西元1206年，鐵木真建立大蒙古國，被尊為成吉思汗。並編組千戶，哲別被委任為千戶長。

　　從西元1211年起，哲別在征伐全國的戰事中屢建奇功。是年冬，哲別採用佯敗返擊的戰術攻入居庸關，遊騎進至金中都城外。金的外圍部隊來援，哲別返襲牧群，驅趕著馬隊返回駐地。

　　西元1212年冬，哲別攻金東京，又施退兵回襲之計，連退五十程，而後留下輜重，挑選快馬，日夜急馳，突然襲擊成功。

　　西元1213年7月，哲別攻取居庸關，成吉思汗遂兵分三路，大舉伐金。

　　西元1216年，哲別奉成吉思汗之命進擊據有西遼國土的乃蠻部的屈出律。針對屈出律強迫伊斯蘭教徒改宗的做法，哲別宣布「每個人都可以有自己的信仰，保持自己祖先的宗教規矩」。

　　於是他贏得了當地居民的支持。後來，屈出律出逃，被哲別追趕殲滅。

西元 1219 年，成吉思汗發兵西征，哲別為先鋒，後以速不臺為援，再後以脫忽察兒為援，兵指花剌子模國。

哲別與速不臺均遵照成吉思汗命令，行進時先不驚動摩訶末；但脫忽察兒違命擄掠，遂使摩訶末聞風逃逸，其子札蘭丁迎戰失吉忽禿忽，直逼成吉思汗大營。哲別與速不臺、脫忽察兒倒殺回來，才使戰局改觀。

西元 1220 年春，成吉思汗兵鋒指向撒馬爾罕，聞知摩訶末南逃，即命哲別、速不臺與脫忽察兒率領 30,000 精兵追擊。

成吉思汗降旨說：「朕命你們去追趕花剌子模沙算端，直至將他們追上為止⋯⋯你們不擒獲他不要回來。」又說，「歸順者可予獎勵，發給保護文書，為他們指派長官；流露出不屈服和反抗者一律消滅掉！3 年內結束戰爭，透過欽察草原回到我們的老家蒙古。」

哲別揮軍渡過阿姆河的主源必陽札卜訶，先進抵巴裡黑。哲別與速不臺分兵追尋，哲別經過木維因、禡桫答而、阿模裡和阿思塔剌巴忒等城，對抵抗者均加殺戮，在剌夷城與速不臺會合。

摩訶末逃到阿模裡答訥牙州的郊區，與隨行大臣們商議，感到厄運難免，只得遁入寬田吉思海，在一個小島上棲身，不久憂病而死。

近古時期─軍中戰神

　　西元 1222 年春，蒙古軍與谷兒只軍隊遭遇，哲別帶著 5,000 人埋伏在一個隱祕的地方，速不臺帶著軍隊衝上去。最初，蒙古人敗退，谷兒只人追了上來。哲別從埋伏處衝出來，將他們包圍在中間，一下子殲滅了 30,000 谷兒只人。

　　在大勝谷兒只軍後，哲別和速不臺進取打耳班，從此鑿石開道，越過太和嶺。

　　北高加索的阿蘭人與黑海、裏海北邊草原的欽察人聯合起來抵抗蒙古人。哲別和速不臺派人通知欽察人說，我們是同一部落的人，而阿蘭人則是我們的異己，我們之間應該互不侵犯。

　　同時，給欽察人送去許多財物。欽察人信以為真，撤了回去，這樣，蒙古人戰勝了阿蘭人。接著，哲別與速不臺又擊潰鬆散下來的欽察人，並且將原已送去的財物奪了回來。

　　欽察殘部向斡羅思，即俄羅斯國逃去乞援。斡羅思伽里奇侯密赤思老會同乞瓦侯小密赤思老等率領一支 80,000 人的大軍前來聲援。

　　哲別與速不臺又佯作退兵，一連 12 天，斡羅思與欽察聯軍進行追擊，十分疲憊倦怠。蒙古軍隊突然轉身反擊，在阿里茲河畔馬里烏波爾附近大戰獲勝，俘殺大小密赤思老。

　　接著，他們抄掠速答黑城熱那亞商人的錢財，而後東向攻打也的里河上的比里阿耳國，折向東南降伏烏拉爾地區的

康裡人，最後經錫爾河北邊的草原而與成吉思汗的蒙古大軍相會合。

西元 1224 年，蒙古軍向西越過了第聶伯河，掃蕩了「斡羅斯」南部並進入克里米亞半島。這時傳來了大軍結束西征東返蒙古老家的消息，於是，哲別和速不臺率領大軍經欽察草原東歸。

在東歸途中，哲別因年事已高和長年遠征的辛勞病死於軍中，沒有能夠再一次回到大汗的帳前，回到蒙古高原。曾經威震蒙古草原，痛擊金國，橫掃「花剌子模」，西遼、欽察草原的征服者，成吉思汗的「神箭」隕落了。其卒年沒有確切記載。

【旁注】

乃蠻部落：蒙古高原西部勢力最強大的游牧部落。在蒙古人興起以前已建立起國家機構，並擁有精良的軍隊，經常同克烈部發生戰爭。乃蠻汗國被推翻後，大部分乃蠻人跟隨其王子屈出律西遷至今哈薩克東部，並與當地的其他突厥語部落融合，後成為哈薩克民族的主要部落之一。

金中都：金朝都城。西元 1122 年，金與北宋聯兵攻遼，金軍陷遼南京析津府，按原訂協議交歸宋朝，宋改名為燕山府。金兵侵占燕山府後改稱燕京。西元 1151 年 4 月，金海陵

王完顏亮下詔自上京會寧府，削上京之號，並進行京城的擴建與宮室的營造。

花剌子模：花剌子模有時也被寫作「花拉子模」。在塞人的語言裡解釋為「太陽土地」的意思。是一個位於今日中亞西部地區的古代國家，位於阿姆河下游、鹹海南岸，今日烏茲別克及土庫曼兩國的土地上。後被蒙古帝國消滅。

撒馬爾罕：中亞最古老的城市之一。西元1220年，由於花剌子模國王摩訶末殺了成吉思汗的商隊和使者，成吉思汗大怒，率領蒙古大軍來攻。擁有堅固的城防和11萬精銳之師保衛的歷史名城撒馬爾罕，僅堅持了5天就被蒙古人攻破。隨即，撒馬爾罕也遭到了毀滅性的破壞。

欽察：古代歐亞以游牧為主業的民族。俄國編年史在西元1054年第一次提到他們出現在黑海以北草原。欽察人的領地西起第聶伯河，包括克里米亞半島，東北為窩瓦河中游地區直抵比里阿耳，東南到烏拉爾河。

鐵木真（西元1162年～1227年）：即孛兒只斤鐵木真。蒙古族。蒙古帝國可汗，諡號「聖武皇帝」、「法天啟運聖武皇帝」，廟號太祖，尊號「成吉思汗」。世界史上傑出的政治家、軍事家。建立蒙古帝國，滅花剌子模。被譽為「一代天驕」。

【閱讀連結】

哲別是個遵守諾言的人。

當年，蒙古各部聯合對抗鐵木真時，哲別是泰赤烏部一個首領的下屬。在會戰中，哲別射傷了鐵木真坐騎白嘴黃馬。後來哲別投奔鐵木真，鐵木真問射傷自己愛馬的人是誰，哲別一口承認，並且表示：「對我開恩，我將帶來很多這樣的馬。」

鐵木真認為他很坦誠，可以交朋友，於是將哲別收在麾下。哲別奉命進擊乃蠻部的屈出律時，曾經擄獲很多優良的戰馬，勝利凱旋。哲別將擄獲的一千匹白嘴黃馬獻給成吉思汗，實現了當初的諾言。

◈ 近古時期—軍中戰神

近世時期 —— 叱吒英雄

　　明清兩代是中國歷史上的近世時期。在明清時期，中國封建社會的君主集權達到巔峰，階級矛盾和民族矛盾越加尖銳，發生了連綿不斷的大規模的戰爭，出現如明代戚繼光，清代岳鍾琪等一批著名將軍和統帥。

　　明清武臣在軍事領域頗有建樹，他們不僅以軍事行動奏功於封建王朝，同時，對現代人來說，他們的作戰思想和作戰方式，或許更能表現出戰爭中各種主客觀因素的一般規律，以至於對後來的軍事哲學產生了深遠影響。

近世時期—叱吒英雄

明朝開國將軍徐達

徐達（西元1332年～1385年），字天德。生於濠州鍾離。明朝開國軍事統帥，中書右丞相，征虜大將軍。封魏國公，追封中山王。

他滅周政權，攻克大都，北征沙漠，攻城拔寨，皆為軍鋒之冠，為開創明王朝基業立下了蓋世之功，被譽為明朝「開國第一功臣」。

徐達出生於一個世代種田的農民家庭，小時曾和朱元璋一起放過牛。元朝末年，徐達目睹政治黑暗，民不聊生，不禁諸多感慨，萌生了救濟世人的遠大志向。

元末農民戰爭爆發後，在郭子興起義軍中當小軍官的朱元璋回鄉招兵，22歲的徐達聽到消息，毅然仗劍從軍，投奔到朱元璋部下。從此，徐達開始了他戎馬倥傯的軍事生涯。

西元1355年3月，朱元璋接替病逝的郭子興執掌起義軍的領導權，決定渡江奪取集慶。徐達與常遇春率領前鋒部隊，乘風舉帆，冒著敵人雨點般的利箭，強登牛渚磯，使後續部隊得以順利渡過長江，攻占採石和太平。

元朝軍隊不甘心太平之失，妄圖重新奪回太平。元將海牙和阿魯灰等用巨舟橫截採石江面，封鎖姑孰口。地主武裝頭目陳野先及其部將康茂才又從水陸兩路，分兵進逼太平城下。

徐達以奇兵繞到敵後，在襄陽橋埋伏起來。元兵前鋒陳野先率眾來攻，被徐達軍擒獲。海牙見陳野先被俘，不敢戀戰，忙從採石撤兵，退守裕溪口，太平終於轉危為安。

緊接著，徐達獨自率領數千精銳，先往東攻占溧水、溧陽，從集慶南面進行包抄，切斷了集慶守敵與南面敵軍的聯繫。徐達會同諸路水陸大軍，經過艱苦奮戰，終於在第二年的 3 月攻占了集慶。

朱元璋改集慶路為應天府，著手建設和發展以應天為中心的江南根據地。不久，朱元璋任命徐達為大將，攻打張士誠。徐達率領幾位將領，帶兵浮江東下。

當時，張士誠已據有常州，朱元璋派遣使者與之通好，希望雙方能和睦為鄰，保國安民。張士誠斷然拒絕他的要求，扣留他的使者，並出兵攻奪鎮江。

徐達聞之，立刻出兵還擊，打敗張士誠的水軍，乘勝進圍常州。不久，徐達攻克常州，其他將領也先後攻拔長興、江陰等地。隨後，徐達與邵榮又聯兵攻奪宜興。

至此，太湖以西的地區已盡入朱元璋版圖，一條北起江

陰沿太湖南到長興的防線建立起來了，張士城西犯的門路也就被堵死了。

東部防線建立起來後，徐達又奉命來到西部戰場，會同俞通海等出兵迎擊陳友諒，並很快粉碎了陳友諒對西線的進攻。

東、西兩道防線的鞏固，確保了應天的安全，並為朱元璋積糧訓兵，出擊東南，發展和鞏固江南根據地創造了有利的條件。現在，朱元璋兵強糧足，已經可以同其他幾支勢力相匹敵了。

西元1360年5月，陳友諒出兵攻占太平，自稱皇帝，引兵東下，進犯應天，並派人約張士誠出兵，準備東西夾擊，共同瓜分朱元璋的地盤。

徐達帶領一支精兵埋伏在南門外等陳友諒來到江邊的渡口龍灣，即衝殺出來，會同諸路伏兵，內外夾擊，一舉擊潰陳友諒，殲滅了大批敵軍，生俘7,000餘人，還繳獲幾百艘戰船。

陳友諒乘船逃跑，徐達緊追不捨，收復了太平，攻占了安慶。張士誠見陳友諒吃了敗仗，未敢輕舉妄動。

西元1363年，徐達隨朱元璋帶兵渡江北上，迎擊陳友諒對朱元璋發動的大規模進攻。7月，雙方在鄱陽湖展開了一場激戰。

第一天接戰，徐達身先諸將，指揮將士勇敢拚殺，一舉擊潰陳友諒的前鋒部隊，殲敵 1,500 人，繳獲鉅艦一艘，使軍威大振。

陳友諒的軍隊拚死抵抗，焚燒徐達戰船，徐達奮不顧身地撲滅了熊熊大火，繼續堅持戰鬥。後來，朱元璋派船救援，徐達頑強衝殺，終於擊退敵軍，從險境之中擺脫了出來。

鄱陽湖戰役結束後，徐達率軍追殲陳友諒的殘餘勢力，占領了湖廣的大片地區。

西元 1364 年，在戰勝陳友諒的凱歌聲中，朱元璋在應天稱吳王。戰功卓絕的徐達被任命為左相國，成為朱元璋政權的最高行政長官。

擊敗陳友諒後，朱元璋的下一個目標是消滅張士誠。徐達受命為前線的總指揮官，又肩負起這個重要任務。

西元 1365 年秋，徐達被任命為總兵官。他統率常遇春、胡美、馮勝諸將，帶領騎兵、步兵和水軍，首先渡江北上，向淮東地區發動進攻，以剪除張士誠的肘翼。經過激戰，將張士誠的勢力壓縮到江南的浙西地區。

徐達與常遇春統率 20 萬水軍出太湖，直趨湖州，將湖州緊緊圍困起來。徐達下令發動強攻，鑼鼓齊鳴，萬炮齊發，將士高聲喊「殺」，像潮水般地衝向各座城門。

近世時期─叱吒英雄

　　經過一場激戰，徐達帶領士卒首先攻破封門。常遇春接著也攻入閶門，進至薄平江城下。徐達指揮將士奮勇衝殺，張士誠收集殘兵敗將兩三萬人，在街巷裡進行抵抗，最後向徐達投誠。

　　消滅了張士誠的勢力，朱元璋占有全國經濟最發達的江浙地區，實力進一步壯大。這時候，元朝的統治基礎已在各支起義軍的打擊下趨於瓦解，統治集團內部派系林立，傾軋不已，各地武裝勢力互搶地盤，混戰不休。

　　朱元璋決定抓緊有利時機，派兵北伐，奪取中原，推翻元朝的黑暗統治。統帥大軍北伐的艱鉅任務，又落在了徐達的身上。

　　北伐大軍出發之前，朱元璋與徐達等諸將研究擬定了作戰計劃。西元1367年10月，徐達與常遇春統率25萬大軍，從淮安出發，按照原定計劃進入山東，攻克沂州，接著，徐達命令韓政分兵扼守黃河，以斷山東援兵。

　　又命張興祖攻取濟寧，而自率大軍攻拔益都，迭克濰、膠諸州縣。

　　12月，元將朵兒只獻出濟南城投降，徐達又分兵攻取登州和萊州。此後不久，山東諸地全部平定。

　　西元1368年正月，在北伐軍迭克山東諸地的捷報聲中，朱元璋登上皇帝位，建立明朝，以應天為京師，任命徐達為

右丞相。明王朝的建立，激勵著明軍加速北伐戰爭的步伐。

西元1368年2月，徐指揮明軍沿黃河西進，攻入河南，迅速攻占永城、歸德和許州，汴梁守將左君弼獻城歸降。接著，徐達又引兵自虎牢關進至塔兒灣。

元將脫因脫木兒帶領50,000軍隊迎戰，在洛水北岸布陣。徐達指揮全軍將士往前衝殺，元兵慘敗西逃。明軍進據洛陽北門。

洛陽守將李克彝逃往陝西，梁王阿魯溫開門迎降。明軍乘勝西進，相繼攻占陝州、潼關，元將李思齊、張良弼失勢西奔。

至此，明朝軍隊已順利地完成攻占山東、河南和潼關的任務，撤除了大都的屏障，剪掉大部的羽翼，並控制關中元軍出援大都必經的門戶，從而對元大都形成三面包圍之勢。

明軍的下一步行動，便是攻取大都。徐達與諸將會師東昌，分兵規取河北，連下衛輝、彰德、廣平，攻占了臨清。

在臨清會合諸將後，徐達命傅友德開闢陸道以通步兵、騎兵，派顧時疏濬運河以通水軍，北攻德州、長蘆、直沽。據守直沽的元丞相也速從海口逃走，大都震動。

明軍沿運河西進，在河西務，大敗元軍，再進兵通州，乘大霧用伏兵擊敗元朝守軍，殲敵數千人。

元順帝聽到通州失陷，知道大都已無法守住，於是趁深

夜帶著后妃太子，從建德門出城，經居庸關逃往上都開平。

西元1368年8月，徐達率領明軍到達齊化門外，填平壕溝，進入大都，受到市民的熱烈歡迎。

留守大都的元朝宗室淮王和左、右丞相等少數死硬分子拒絕投降，被徐達處死，其他元朝大臣和將士紛紛歸降，受到寬大的處理。

徐達下令查封元朝的倉庫、圖籍、寶物和故宮殿門，派兵看守。所有將士，一律在營房住宿，不許外出騷擾百姓。大都的社會秩序很快安定下來，街市的營業也很快恢復起來了。

捷報傳到南京，朱元璋下令把大都改為北平府，由孫興祖、華雲龍駐守，徐達與常遇春帶領明軍攻取山西、陝西。常遇春為前鋒，徐達殿後，由河北越過太行山進入山西南部。山西諸地也很快被平定了。

西元1369年2月，徐達率領明軍渡過黃河，進攻陝西，占領奉元路，改名為西安府。

4月，徐達統兵攻克鳳翔、臨洮，繼而在慶陽消滅了張良臣的勢力，而且使明軍控制了陝甘地區的形勢，進一步縮小了元朝勢力的活動範圍。

陝西平定以後，朱元璋下詔令徐達班師回朝，大加封賞。

元將擴廓帖木兒在甘肅聽說明軍南還，統兵進圍蘭州。

朱元璋再次任命徐達為大將軍，而以李文忠取代已經病故的常遇春為副將軍，率師征討。

西元 1370 年 4 月，徐達率領西路明軍出定西，擴廓帖木兒自蘭州撤圍還救，兩軍相拒於沈兒峪，隔著一條深溝紮營布陣，於是發生了一場數十萬人的激戰。

徐達整頓隊伍，揮師出擊，將士個個奮勇爭先，大敗敵軍，擒獲元朝的宗室、官吏 1,865 人，俘虜敵軍將士 8,045 萬人，並繳獲了 15,000 多匹戰馬和大批牲口。擴廓帖木兒的精兵悍將喪失殆盡，僅與幾個妻子奪路而逃。

當時元順帝已死，元朝的殘餘勢力更加衰弱，已不再對明朝發動大規模的進攻。

定西大捷後，為了防禦元朝殘餘勢力的騷擾，朱元璋又派徐達鎮守北平。此後，徐達除了 3 次帶兵出征塞北，其餘時間都在北平鎮守。

徐達殫精竭慮，鎮守北平。他統率部將修繕城防，操練軍馬，設備屯田，嚴為守備，使元朝的殘餘勢力不敢輕易南下騷擾，對穩定北方的形勢起了重大的作用，被朱元璋譽為「萬里長城」。

西元 1385 年 2 月，徐達在南京病逝。朱元璋追封他為中山王，賜葬於南京鐘山之北，並把他的塑像擺放在功臣廟裡，以表彰他為明朝所建立的卓越功勳。

近世時期─叱吒英雄

【旁注】

常遇春(西元 1330 年～1369):字伯仁,號燕衡。今安徽省懷遠縣常家墳鎮永平崗人。明朝開國名將。自言能將 10 萬,橫行天下,軍中稱「常十萬」,官至中書平章軍國重事,封鄂國公,洪武二年病卒軍中,追封開平王。

應天府:北宋的應天府是當時北宋的陪都,稱為南京應天府。明朝的應天府是朱元璋改集慶路命名的,當時是明朝京師。燕王朱棣發動靖難之變奪位後,遷都北京順天府並正式遷都。

左相國:古代官名。在明代,明初沿襲元朝制度,設立中書省,置左、右丞相。甲辰正月,初置左、右相國,其中李善長為右相國,徐達為左相國。吳元年,改右相國為左相國,左相國為右相國。

右丞相:丞相之一。右丞相的就是在皇帝右手站立的丞相,也稱主相;左丞相的就是在皇帝左手站立的丞相,也稱副相。基本上右丞相的官職大於左丞相。不過每個朝代各有不同。秦代、漢代和南宋時右相大,北宋時左相大,明初時左相大。

元大都:或稱大都。自元世祖忽必烈西元 1267 年至 1368 年,為元朝國都。其城址位於今北京市市區,北至元大都土城遺址,南至長安街,東西至二環路。

北平府：西元 1368 年，廢大都，改置北平府，管轄大興。領 7 縣 4 州，其中在今北京市境有：大興縣、宛平縣、良鄉縣、昌平縣、順義縣、密雲縣、懷柔縣，通州及所領之潮縣、薊州所領之平谷縣、涿州所領之房山縣。西元 1402 年改為順天府。

塞北：一般指長城以北地區。塞是指邊塞、要塞，這裡所謂的塞相當於今日的明長城。而以此為界，以北的部分已經出邊塞，故名塞北。

朱元璋（西元 1328 年～1398 年）：字國瑞，原名朱重八，後取名興宗。濠州鍾離人。明朝開國皇帝，在位 31 年，諡號「開天行道肇紀立極大聖至神仁文義武俊德成功高皇帝」，廟號太祖。在位期間努力恢復生產、整治貪官，其統治時期被稱為「洪武之治」。

陳友諒（西元 1320 年～1363 年）：今湖北生沔陽人，元末大漢政權建立者。他一面繼續進行反元戰爭，一面把軍事重心放在對鄰境朱元璋部戰爭上。在鄱陽湖中中流箭而死。

元順帝（西元 1320 年～1370 年）：名孛兒只斤妥懽帖睦爾。蒙古帝國可汗，汗號「烏哈噶圖可汗」。元朝第十一位皇帝，也是元朝的最後一位皇帝。北元第一位皇帝。廟號惠宗，諡號「宣仁普孝皇帝」。

近世時期—叱吒英雄

【閱讀連結】

　　有一天，朱元璋召見徐達下棋，而且要求徐達拿出真本領來對弈，徐達只得硬著頭皮與皇帝下棋。

　　這盤棋從早晨一直下到中午都未分出勝負，正當朱元璋連吃徐達兩子自鳴得意時，徐達卻不再落子。

　　朱元璋得意地問道：「將軍為何遲疑不前？」

　　徐達則「撲通」一聲跪倒在地，答道：「請皇上細看全域性。」

　　朱元璋仔細一看，才發現棋盤上的棋子已經被徐達擺成了「萬歲」兩字。朱元璋一高興便把下棋的樓連同莫愁湖花園一起賜給了徐達，那座樓便是後來的「勝棋樓」。

民族英雄戚繼光

戚繼光（西元 1528 年～1588 年），字元敬，號南塘，晚號孟諸。山東登州人，祖籍安徽定遠。明代著名抗倭將領，軍事家。諡號「武毅」。

率軍之日於浙、閩、粵沿海諸地抗擊來犯倭寇，歷 10 餘年，大小 80 餘戰，終於掃平倭寇之患，被譽為民族英雄。世人稱其帶領的軍隊為「戚家軍」。

戚繼光自幼喜讀兵書，勤奮習武，立志效國。21 歲考中武舉，次年進京會試，正逢蒙古俺答汗兵圍北京城，戚繼光臨時守衛京城九門，並兩次上書陳述守禦方略。25 歲，被提升為都指揮僉事，管理登州、文登、即墨三營 25 個衛所，防禦山東沿海的倭寇。

西元 1555 年，戚繼光被調任浙江都司僉書，次年升任參將，鎮守寧波、紹興、臺州三府。此後，戚繼光多次與倭寇作戰，先後取得龍山、岑港、桃渚之戰的勝利。實戰過程中，戚繼光意識到明軍缺乏訓練，作戰不力，多次向上司提出練兵建議，最後得到批准。

西元 1556 年 9 月，倭寇 800 多人打至龍山所。龍山所在

定海縣境內，北面瀕臨大海，是倭船往來必經之道。戚繼光這時新任參將不久，聽到消息立刻率軍前往。

倭寇分成三路猛衝過來，明軍紛紛潰退。戚繼光見形勢危急，連忙跳到一塊高石上，一連3箭將3個倭酋射倒，倭寇這才退去。10月，倭寇又在龍山所登陸，戚繼光與俞大猷等率軍抗擊，三戰三捷，倭寇乘夜撤退。

抗倭之戰，戚繼光初露鋒芒，同時認識到明軍缺乏訓練，臨陣畏縮，有必要尋求解決辦法。

西元1559年9月，戚繼光提出建議，決定到義烏招募農民和礦工，得到上司同意。

到義烏後，戚繼光進行了嚴格的挑選，他制定了「四要四不要」標準。

四不要是：不要城裡人；不要在官府裡任過職的；不要40歲以上的人和長得白的人；不要膽子特別小的人和膽子特別大的人。四要是：要標準的農民；要黑大粗壯皮肉結實的人；要目光有神的人；要見了官府還得有點怕的人。

戚繼光在義烏招募了近4,000人，編立隊伍，分發武器，進行嚴格的訓練。稍後，戚繼光針對沿海地形多沼澤、倭寇小股分散的特點，創立攻防兼宜的「鴛鴦陣」。

從此，這支軍隊轉戰各地，取得了輝煌的戰績，人稱「戚家軍」。

西元 1561 年四五月間，倭寇大舉進犯浙江，船隻達數百艘，人數達一兩萬，騷擾地區達幾十處，聲勢震動遠近。

戚繼光確立「大創盡殲」的原則，在花街、上峰嶺、藤嶺、長沙等地大敗倭寇，先後 13 戰 13 捷，共擒斬倭寇 1,400 多人，焚、溺死 4,000 多人，使侵犯臺州的倭寇遭到毀滅性的打擊。

由於臺州大捷，戚繼光被提升為都指揮使，「戚家軍」也聞名天下。

西元 1562 年，戚繼光受命入閩剿倭。在此之前，倭寇由於在浙江受到沉重的打擊，在福建的活動更加猖獗，一支築巢於寧德城外海中的橫嶼，另一支築巢於福清的牛田，形勢非常危急。

橫嶼是寧德縣東北的一個小島，離岸約有 10 里，和大陸之間隔著淺灘。漲潮時，海水將島嶼與大陸分開；潮退後，又盡是泥淖。倭寇在島上結下大營，修築防禦工事，侵占已達 3 年之久。

戚繼光為了渡過淺灘，命令士兵鋪上乾草，隨著鼓聲向前爬行。

到達橫嶼岸邊時，倭寇早已布成陣勢，士兵們奮勇衝殺，放火焚燒倭巢，倭寇四處逃竄，明軍乘勝追擊，消滅倭寇 400 多人。殘餘倭寇向海上逃命，被淹死 600 多人。

戰鬥從開始到結束，不過 3 個時辰。隨後，戚繼光進軍牛田、林墩，剷除了福建的三大倭巢。

剷平福建三大倭寇後，戚繼光回浙江補充兵員，倭寇又猖獗起來。

西元 1562 年冬，倭寇 6,000 人攻陷興化府城，燒殺搶劫，無惡不作。次年 2 月，倭寇退出府城，據莆田東南的平海衛為巢。

西元 1563 年 4 月，戚繼光率領 10,000 多人到達福建。5 月，福建巡撫譚綸命戚家軍為中路，劉顯為左翼，俞大猷為右翼，向平海衛發動總攻勢。

倭寇倉皇應戰，戚家軍用火器猛烈射擊，倭寇戰馬受驚，亂跑亂竄，左右兩翼乘勢並進，倭寇大敗，逃回許家大巢。

明軍進圍敵巢，四面放火，倭寇 2,000 多人或被燒死，或被殺死，逃竄者也多墜崖和蹈海而死。

平海衛之戰不久，又有大批倭寇陸續登陸。

西元 1563 年 11 月，倭寇約 20,000 人圍攻仙遊，城內居民晝夜死守，雙方傷亡都很嚴重。譚綸和戚繼光統兵來救，駐紮於仙遊城外 6,000 公尺處，這時戚繼光的部下只有 6,000 人，敵我力量相差懸殊，不宜立即決戰。

西元 1564 年 1 月，戚繼光將換防軍隊進行周密部署，

分道向仙遊進軍。當時倭寇結為四巢，分別盤踞於東、南、西、北四門，中路軍直衝倭寇南巢，其他各路配合作戰，倭寇丟盔棄甲，全線崩潰，仙遊之圍得以解除。

戚繼光這次以寡敵眾，大獲全勝，表現了卓越的軍事才能。

東南沿海的倭患基本平息，但北邊仍然存在韃靼的威脅。為了加強北邊的防務，朝廷決定調戚繼光訓練邊兵。西元 1567 年 12 月，戚繼光奉命北上，被指定負責薊州防務。

戚繼光將全部防區劃分為 12 路，上面設東、西協守，分管東西各路軍隊。他雖然全權負責薊州一線的防務，但練兵主張卻得不到朝廷的積極支持，於是將精力主要用到了防禦工事上。

他將舊城牆加高加厚，並修築了大量空心敵臺。敵臺修成後，戚繼光又設立車營，創立各兵種協同作戰的戰術。

在此期間，因北方士兵紀律散漫，苟且偷安，戚繼光請求調浙兵北上，得到朝廷同意，最後調來兵勇 20,000 人，成為守邊的主力。戚繼光還根據北方的地理條件，實施了車、騎、步三軍配合作戰的方略。

在薊州修築敵臺，建立車營，分別配備重車、輕車、步兵、騎兵、火炮等。透過戚繼光的艱苦努力，北邊防務有了很大的改觀。

近世時期—叱吒英雄

戚繼光從東南抗倭到北鎮薊州,上司譚綸及執政大臣張居正等人,對他的工作都比較支持。尤其是張居正,常把那些作對的官員調開,甚至免除職務,所以戚繼光能久鎮北邊,發揮所長。張居正病死後,反對派群起攻擊,戚繼光也受到牽連。

西元1583年,戚繼光被調往廣東,兩年後被朝廷罷免官職,回到家鄉登州。西元1588年1月5日,戚繼光突然發病,與世長辭。

戚繼光在抗倭作戰中,創立攻守兼備的鴛鴦陣,靈活巧妙地打擊倭寇。鎮守薊州,修城築堡,分路設防,有力地抵禦蒙古騎兵。所撰《紀效新書》、《練兵實紀》為明代著名兵書,受到兵家重視。

【旁注】

倭寇:一般指13世紀至16世紀期間,以日本為基地,活躍於北韓半島及中國大陸沿岸的海上入侵者。曾經被歸於海盜之類,但實際上其搶掠對象並不是船隻,而是陸上城市。在倭寇最強盛之時,他們的活動範圍曾遠至東亞各地、甚至是內陸地區。

龍山所:位於廣東省茂名市龍山鎮境內。它是明代為防

禦倭寇侵擾而構築的海防工事之一，是抗倭名將戚繼光抗倭的地方。西元 1556 年秋，倭寇猖獗進犯東南沿海，年僅 19 歲的戚繼光率軍進駐龍山所，與倭寇浴血奮戰，最後全殲來敵，大振國威。

薊州：中國古代行政區劃名。位於天津市之北，燕山腳下。春秋時期稱無終於國，隋代為漁陽郡，唐代稱薊州，轄境約今天津市薊縣，河北省三河、遵化、興隆、玉田、大廠等市縣和唐山市豐潤、豐南區地。明洪武初省漁陽縣入州。清不轄縣。1913 年改為薊縣。

劉顯（西元 1515 年～1581 年）：本姓龔，字唯明。今江西生南昌人。明抗倭名將。出身行伍，官副千戶，後任浙江都司參將、總兵、都督同知、左軍府都督、太子太保等。

譚綸（西元 1520 年～1577 年）：字子理，號二華。今江西生宜黃縣譚坊人。明代抗倭名將、傑出的軍事家、戲曲活動家。官至兵部尚書、太子少保。與戚繼光、俞大猷、李成梁齊名，著有《說物寓武》20 篇軍事著作。

張居正（西元 1525 年～1582 年）：字叔大，少名張白圭，又稱張江陵，號太嶽。祖籍安徽鳳陽，湖北江陵人。諡號「文忠」。明代政治家，改革家。中國歷史上優秀的內閣首輔之一。

【閱讀連結】

戚繼光當年率領義兵追殺捕剿倭寇,兵貴神速,對埋鍋造飯,拖延時間的問題,總想不出辦法。

有一次,前來慰問的百姓中有一個老農獻上許多中間有個小孔,他說這餅可以用繩子穿著帶在身邊,餓時撕下,就可充飢。戚繼光連聲說「謝謝。」消息傳開,各地百姓都爭先做光餅獻給軍隊。

這種餅在沿海各地曾經盛銷,當時人們都叫它「光餅」。因為這種餅略帶鹹味,有的地方又叫它「鹹光餅」。可見,戚繼光抗倭的故事如此深入人心。

武臣巨擘岳鍾琪

岳鍾琪（西元 1686 年～1754 年），字東美，號容齋。生於平番。清朝名將。諡號「襄勤」。

岳鍾琪堪稱武臣巨擘，他一生戎馬，尤其在平西藏、定青海的戰役中，功勳卓著，為維護國家統一，穩定和開拓邊疆作出了重大貢獻。

岳鍾琪自幼熟讀經史、博覽群書、說劍論兵、天文地理、習武學射，樣樣精通。他 20 歲從軍，從此開始了戎馬倥傯的軍事生涯。

西元 1719 年，準噶爾部策旺阿拉布坦遣將襲擊西藏，康熙令十四皇子胤禵為大將軍，噶爾弼為定西將軍，岳鍾琪為先鋒，進行征討。當時的岳鍾琪 33 歲，英姿勃發，文武兼備，智勇雙全，且與士兵同甘共苦，上下一心，士氣高漲，銳不可當。

岳鍾琪率軍，日夜兼行，風餐露宿，刀光劍影。

有一次，他帶 600 人去撫定裡塘、巴塘的反叛，但當地長官達哇蘭堅持反叛立場，拒絕接受安撫。於是，岳鍾琪當機立斷，將其拘捕並斬於軍前，殺散叛亂分子 3,000 餘人。

近世時期—叱吒英雄

此舉的威懾效果使得其他反叛各部相繼獻戶籍，請求歸降。當地叛亂很快平息。

西元 1720 年，這年已經是進軍西藏的第二個年頭了，定西將軍噶爾弼令岳鍾琪帶 4,000 人為前鋒，先行到達昌都待命。

岳鍾琪率軍到達預定地點後獲悉，叛軍已調集部隊扼守三巴橋，以阻擊清軍西進。昌都距叛軍駐地 300 公里，中間隔著怒江天險，三巴橋則是進藏第一險，敵若斷橋，則守隘難於飛越。

面對新的情況下，岳鍾琪果斷決定，乘敵未穩先發制之。遂令懂藏語的士兵 30 餘人，穿著藏族服裝抄小道持檄晝夜兼程，以迅雷不及掩耳之勢抵達叛軍首領駐地洛隆，出密檄示地方官，曉以利害，令協助緝捕噶爾等人。

當夜擒 5 人，斬數人，聞者莫不震驚。於是，借勢招撫六部數萬戶，打通了直達拉裡的通路，為進軍拉薩鋪平了道路。

西元 1723 年，37 歲的岳鍾琪又奉命撫定青海。當時的撫遠大將軍年羹堯奏請皇上，要求岳鍾琪隨軍參贊軍事。

岳鍾琪率 6,000 名精兵，經過了雪域行軍，克服了高原嚴重缺氧的不適應，一路西行，撫定上寺東策卜、下寺東策卜等諸番部。

第二年，岳鍾琪以「奮威將軍」之職，繼續進軍青海，出師 15 天，收復了被叛軍占領的青海地區六七十萬平方公里的全部領土。

青海事平，雍正授岳鍾琪三等公，賜黃帶及御製五言律詩兩首，又賜金扇一柄，上書御製詩一首。岳鍾琪以 38 歲的年齡占盡了人間風華。

除上述平西藏、定青海的軍事行動外，岳鍾琪尚有進擊準噶爾、討平郭羅克三部、平羊峒、平烏蒙和鎮雄土司平雷波土司的叛亂等軍事行動。10 多年間，他兵不解甲、人不離鞍，成為無愧於維護國家統一、穩定西部、開拓西部的先驅。

西元 1754 年，岳鍾琪抱重病出征鎮壓陳琨時，病卒四川資中，時年 68 歲。

【旁注】

準噶爾：是厄拉特蒙古的一支部落。17 世紀至 18 世紀，準噶爾部控制天山南北，在西起巴爾喀什湖，北越阿爾泰山，東到吐魯番，西南至吹河、塔拉斯河的廣大地區，建立史上最後的游牧帝國。宗教以藏傳佛教為主，對西藏也有一定的影響力。

近世時期─叱吒英雄

康熙（西元1654年～1722年）：名愛新覺羅玄燁。滿族。清朝第四位皇帝、清定都北京後第二位皇帝。在位61年。諡號「合天弘運文武睿哲恭儉寬裕孝敬誠信功德大成仁皇帝」。他是中國統一的多元民族國家的捍衛者，奠下了清朝興盛的根基，開創出「康乾盛世」的大局面。

年羹堯（西元1679年～1726年）：字亮功，號雙峰。原籍懷遠，後改隸漢軍鑲黃旗。他運籌帷幄，馳騁疆場，曾配合各軍平定西藏亂事，率清軍平息青海羅卜藏丹津，立下赫赫戰功。後被雍正帝削官奪爵，列大罪92條，賜自盡。

雍正（西元1678年～1735年）：名愛新覺羅胤禛。滿族。清朝第五位皇帝。年號雍正，廟號世宗，諡號「敬天昌運建中表正文武英明寬仁信毅睿聖大孝至誠憲皇帝」，葬清西陵之泰陵。在位時期實施一系列鐵腕政策，對康乾盛世的接續具有關鍵性作用。

【閱讀連結】

據傳說，岳鍾琪是民族英雄岳飛的第二十一世嫡孫。他的遠祖是岳飛嫡孫岳珂。岳鍾琪的祖父岳鎮邦是岳飛的第十九世孫，曾任左都督、紹興總兵。岳鍾琪的父親岳升龍為祖父岳鎮邦的長子。

岳升龍當年隨康熙皇帝西征噶爾丹，頗有建功，康熙皇

帝曾賜予匾聯「太平時節本無戰，上將功勳在止戈」。岳升龍西元 1696 年被擢升為四川提督，後轉任山東總兵，西元 1710 年退休回四川，奉養 90 高齡的老母，兩年後病逝於四川成都。

從祖父岳鎮邦到岳鍾琪，岳家是 3 代名將之家。

近世時期—叱吒英雄

湘軍將領左宗棠

左宗棠（西元1812年～1885年），字季高，湖南湘陰人。號湘上農人。晚清重臣，軍事家、政治家、著名湘軍將領，洋務派首領。

他一生經歷並參與了鎮壓太平天國運動，開展自強運動，平叛陝甘回亂，收復新疆等重大歷史事件，為維護民族和平統一，穩定和開拓邊疆作出了重大貢獻。

左宗棠出生於書香之家，他西元1832年中舉，以後3次參加禮部的考試均沒有考取，於是他斷絕了在仕途上發展的打算，而專心致志地研究地理與兵法。

廣西太平天國起義爆發後，當時擔任湖南巡撫的張亮基聽說了左宗棠後，聘請左宗棠為幕僚，做了長沙縣知縣。

由於守衛長沙有功，左宗棠從知縣提拔為直隸州同知。之後，他悉心輔佐張亮基，不但湖南使軍政形勢轉危為安，而且還把其他各項工作也做得很好。為此，出色的左宗棠受到了朝廷很多官員的關注。

西元1867年，左宗棠奉命為欽差大臣，督辦陝甘軍務，率軍入陝西圍剿西捻軍和西北反清回民軍。

在此期間，左宗棠開始從事洋務，創辦蘭州製造局即甘肅製造局、甘肅織呢總局，即蘭州機器織呢局，後者為中國第一個機器紡織廠。

西元1870年代，中亞古國浩罕國為沙俄所消滅，浩罕國流亡軍官阿古柏，糾集一些亡命之徒竄入中國新疆，占據新疆喀什噶爾，後來逐漸占領了南部的8個城池，又攻敗盤踞在烏魯木齊的回族人妥明。

妥明本是西寧的回人，當初以傳播新教而來回於關外。同治初年，乘陝西、甘肅漢人、回民間有發生戰事之機舉兵發難，占據了烏魯木齊，併兼併了北邊的伊犁等城，收取那裡的賦稅收入。

妥明不久被驅逐，在路上死了，但是另一個頭目白彥虎逃到烏魯木齊，他派使者同英、俄勾結，購買軍械器具裝備自己。而英國人又暗中幫助他，想讓他另立一個國家，以挾制俄國。

就在這時，俄國以回民多次擾亂其邊境為由，突然發兵驅逐回民，占領了伊犁，並揚言要攻取烏魯木齊。

西元1875年，左宗棠平定陝甘回民起義後，遵照清政府的命令，正準備率軍出關，平定阿古柏的侵略。正在此時清廷發生了海疆防守的爭議。

朝廷大多數大臣認為自清高宗乾隆平定新疆以來，每年

要花費銀兩數百萬,就像是一個無底的漏斗。現在竭盡天下的財力贍養西北官軍,沒有剩餘氣力來預防東部海疆的不測之需。

他們認為,應該遵照英國人的建議,准許阿古柏自立為國。作為大清藩國,停止西征,專力於海防。當時軍機大臣李鴻章更是力主應該如此。

然而左宗棠卻不同意這種觀點。最後,清朝朝廷透過決策,讓左宗棠繼續出塞,並授左宗棠為欽差大臣,統督軍事。

西元1876年3月,左宗棠舉兵駐紮肅州。

5月,湘軍統領劉錦棠向北翻過天山,會合清伊犁將軍金順部隊先攻打烏魯木齊,烏城攻克後,白彥虎逃走到托克遜。

9月,清軍攻克瑪納斯南城,北路平息,於是謀劃南路。

西元1877年3月,劉錦棠攻克達坂城,把白彥虎所擒獲的回民全部釋放,讓他們回家。第二天,清軍即收復托克遜城。

劉錦棠的兩個部下徐占彪和孫金彪兩支部隊也接連攻破各個城隘,會合另一清軍將領羅長祐等部隊收復了吐魯番,收降回民達10,000餘人。阿古柏最後走投無路服毒自殺,他的兒子伯克胡里殺害了自己的弟弟,逃往喀什噶爾。

白彥虎逃到開都河，左宗棠想一鼓作氣擒獲他，奏章還沒上，恰遇內蒙古庫倫大臣上書聲言本部邊境現在正議定疆界。其時朝中大臣也認為西域征戰費用巨大，烏魯木齊、吐魯番既然已經收復，可以休兵罷戰了。這令左宗棠很不理解。

此時，俄國正與土耳其開戰，金順請求乘虛襲擊伊犁。左宗棠說得不到朝廷的同意，不可輕易出兵。

同年 8 月，金順與劉錦棠在曲會會師。由大道向開都河出發，正面部隊清軍另一將領餘虎恩等從庫爾勒出奇兵以助。

白彥虎逃到庫國，又到阿克蘇，遭到劉錦棠的攔擊，白彥虎只好轉而竄逃喀什噶爾。

左宗棠大軍不久收復了南疆東部四座城池，守備軍何步雲獻喀什漢城向清軍投降。伯克胡里接納白彥虎後，就合力攻打漢城。清軍大部隊人馬趕到，他們又逃往俄國。

南疆西部四城相繼攻下，左宗棠向朝廷報捷，皇上下詔晉升左宗棠為二等候。至此在新疆的布魯特蒙古十四部爭相歸附清朝。

西元 1878 年正月，左宗棠上疏奏敘有關在新疆建行省的事宜，同時請求派員和俄國談判有關歸還伊犁和交換戰俘這兩件事。

近世時期—叱吒英雄

　　朝廷派遣全僅大臣崇厚出使俄國。俄國用通商、劃分國界和索要賠款相要挾。崇厚輕率地簽訂了條約，這不禁引起了朝廷有識之士的紛紛反對，議論好久都沒有決定下來。

　　左宗棠上書說：「這種條約是萬萬不可以簽的⋯⋯」

　　光緒皇帝認為左宗棠的話大長了朝廷志氣，命令把崇厚逮捕治罪，朝廷命原湘軍統帥曾國藩之子曾紀澤出使俄國，更改前面的和約。

　　這時左宗棠請求親自出兵駐防哈密，策劃收復伊犁。他命令金順即率軍出發，作為東路；部下張曜率部沿特克斯河進兵作為中路；劉錦棠經布魯特游牧地區作為西路。又分別派遣將領譚上連等各帶兵駐守喀什噶爾、阿克蘇、哈密等地作為後路聲援。

　　這幾路部隊總共有馬兵、步兵40,000多人，聲勢浩大，士氣高昂，他們決心與俄軍不惜決一死戰，務必收復伊犁。

　　西元1880年4月，左宗棠堅決表示自己收復伊犁的決心，命人抬著棺材從肅州出發，5月抵達哈密。

　　俄國人聽說清軍大兵出動，就增兵守衛伊犁、納林河，另外派兵艦在海上巡弋，以震撼京師。此時天津、奉天、山東等地也同時告警。

　　7月，朝廷下詔讓左宗棠回京城任顧問，讓劉錦棠代替他。俄國人也害怕清軍的威武，擔心事態發展後會引起決裂

而挑起戰端。

西元1881年正月,中國在賠款上又做出讓步後,清與沙俄終於達成了《中俄改定條約》,中國收復了伊犁的絕大部分地區。

新疆平定後,朝廷升調左宗棠為軍機大臣。入朝覲見後,皇上賞賜左宗棠可以在紫禁城內騎馬,可由內侍兩人攙扶著上金鑾殿。

左宗棠在軍機處,因他長年在外征戰並不熟悉朝中的禮節、掌故,因而屢屢受窘。他性格耿直,難免得罪人,因此就有許多同僚多厭煩埋怨他。

左宗棠本人也不樂意居住在京城之地,於是進京不久,便稱病乞求引退。9月清廷命他出任兩江總督、南洋通商大臣。

西元1883年9月,法國人攻打越南,左宗棠這時已70歲有餘,而且身體多病,已致仕在家。但當他聽知此消息時馬上請求到雲南指揮軍隊,並下令讓舊部王德榜在永州招募軍隊,號稱「恪靖定邊軍」。

西元1884年,中法戰爭終於爆發,雲南、越南官軍潰敗,左宗棠被召入京,再次任職軍機處。

不久法軍大舉向中國內地進犯,光緒皇帝詔令左宗棠到福建視察部隊,左宗棠命官員王鑫之子王詩正暗中率軍渡海

近世時期─叱吒英雄

到臺灣,號稱「恪靖援臺軍」。

王詩正到臺南,受到法兵阻擊,他與臺灣軍民一道最終擊敗法軍。而王德榜會合其他部隊在諒山取得大捷。

中法和議達成,左宗棠稱疾請求告退,但尚未獲準,7月在福州病逝,時年73歲,贈太傅,諡「文襄」。將其靈位入祀於京師昭忠詞、賢良祠,並在湖南以及立有戰功的各省建立專祠祭祀。

【旁注】

太平天國起義:由洪秀全、楊秀清、蕭朝貴、馮雲山、韋昌輝、石達開組成的領導集團在廣西金田村發動對滿清朝廷的武力對抗,是19世紀中葉中國的一場大規模反清運動。西元1864年,太平天國首都天京陷落,代表著運動失敗。

欽差大臣:又簡稱欽差,是明清時一種臨時官職。欽,意為皇帝,欽差即是皇帝差遣之意,因此欽差大臣是由皇帝專門派出辦理某事的官員。因為代表了皇帝本人,所以其地位十分顯赫。擔任該官職往往都是皇帝信得過的高官,能得此職事本身也是一種榮譽。一般事畢覆命後,該官職便取消。

伊犁地處:中國西北新疆地區,氣候宜人,降水量較為豐富。伊犁哈薩克自治州成立於1954年,轄塔城、阿勒泰兩

個地區和10個直屬縣市,是全中國唯一的既轄地區、又轄縣市的自治州。

托克遜:位於中國新疆維吾爾自治區中東部,天山南麓,吐魯番盆地西部。此地三面山地環繞,西、北面高而東部低,盆地自西北向東南傾斜的地貌特徵,地勢高低懸殊,是中國降水最少的地方。

喀什漢城地區:地處歐亞大陸中部,中國的西北部,新疆維吾爾自治區的西南部,隸屬中國新疆維吾爾自治區。是中國最西部的一座邊陲城市,古稱疏勒,歷史上是著名的「安西四鎮」之一,是具有2,000多年歷史的古老城市。

納林河:又名為無定河,位於於內蒙古自治區鄂爾多斯市烏審旗境內,是額濟納河的一個支流,最終流入黃河。是中國的能源重鎮之地,同時也是鄂爾多斯盆地油氣田的重要組成部分,處於氣田的資源富集區。

兩江總督:正式官銜為總督兩江等處地方提督軍務、糧餉、操江、統轄南河事務,是清朝九位最高級的封疆大臣之一,總管江蘇、安徽和江西三省的軍民政務。由於清初江蘇和安徽兩省轄地同屬江南省,因此初時該總督管轄的是江南和江西的政務,因此號兩江總督。

劉錦棠(西元1844年～1894年),字毅齋,湖南省湘鄉人。父親厚榮、叔父松山,都是湘軍中的軍官。劉錦棠10歲

近世時期─叱吒英雄

時，其父因鎮壓太平天國農民起義而喪生。成年後，投入叔父所在的湘軍，隨同叔父鎮壓太平軍和捻軍，為朝廷立下汗馬功勞，還獲得了「法福靈阿巴圖魯」的榮譽稱號。

曾紀澤（西元1839年～1890年），字劼剛，湖南省人，曾國藩之子。襲父一等毅勇侯爵。紀澤學貫中西，有詩古文及奏疏若干卷，早歲所著，有《佩文韻來古編》、《說文重文字部考》、《群經說》等傳於世。

【閱讀連結】

左宗棠部隊出塞共20個月，新疆南北各城能全部收復，一個重要的因素就是能夠做到軍餉及時供給充足。

當議論西部邊防事務時，左宗棠主張發展屯田，聽到的人都認為左宗棠迂腐。等看到左宗棠上奏論述關內外過去屯兵的利弊，以及論及將兵農劃開為二，挑選精壯的人為兵丁，讓老弱的人去屯田墾地，大家於是才佩服左宗棠老謀深算。

民族英雄鄧世昌

鄧世昌（西元 1849 年～ 1894 年），原名永昌，字正卿。原籍廣東東莞，生於今廣州市。清末海軍傑出愛國將領，民族英雄。

他於西元 1867 年考入馬尾船政學堂駕駛班第一期學習，西元 1871 年被派至「建威艦」練習航海，西元 1874 年以優異成績畢業，被船政大臣沈葆楨嘉獎以五品軍功，任命為「琛航艦」運船幫帶，第二年任「海東雲艦」管帶。

西元 1894 年 9 月 17 日在黃海海戰中壯烈犧牲。諡壯節公，追封太子少保銜，其後人多為仁人志士。

鄧世昌生於富裕人家，其父鄧煥莊，專營茶葉生意，嘗於廣州及津、滬、漢、香港、秦皇島等地開設祥發源茶莊，並始建鄧氏家祠。

少年時，鄧世昌隨父移居上海，從西方人學習算術、英語。

在此期間，他目睹清政府腐敗，任帝國主義瓜分、掠奪中國的土地、財富，逐漸萌發了他反侵略的愛國思想。在隨父飄泊上海的日子裡，他還親眼看到外國兵艦在黃浦江上橫

衝直撞，胡作非為，更使他感到國家要有強大的海軍，才能不受外人欺凌。

西元 1868 年，鄧世昌懷著救國的志願，以各門課程考核皆優的成績考入福州船政學堂學習航海，成為該學堂駕駛班第一屆學生。

三年後，從福州船政學堂畢業的鄧世昌被派到「建威艦」練習駕駛，隨艦巡歷南洋各島。

西元 1874 年，他被任命為「琛海艦」兵船大副，以後歷任「海東雲艦」、「振威艦」、「飛霆艦」等兵船管。

西元 1880 年軍機大臣李鴻章為建設北洋水師而應徵人才，因鄧世昌「熟悉管駕事宜，為水師中不易得之才」而將其調至北洋屬下，先後擔任「飛霆艦」、「鎮南艦」管帶。

西元 1880 年冬天，北洋水師在英國定購的「揚威艦」、「超勇艦」兩艘巡洋艦完工，北洋海軍提督丁汝昌水師官兵 200 餘人赴英國接艦，鄧世昌隨往。

西元 1881 年 11 月，北洋水師抵達大沽口，這是中國海軍首次完成北大西洋 —— 地中海 —— 蘇伊士運河 —— 印度洋 —— 西太平洋航線，此次航行大大增強了中國的國際影響，鄧世昌因駕艦有功被清廷授予「勃勇巴圖魯」勇名，並被任命為「揚威艦」管帶。

西元 1887 年春，鄧世昌率隊赴英國接收清政府向英、德

訂造的「致遠艦」、「靖遠艦」、「經遠艦」、「來遠艦」4艘巡洋艦，年底回國。歸途中，鄧世昌沿途安排艦隊操演練習。

因接艦有功，升副將，獲加總兵銜，任「致遠艦」管帶。

西元1888年，鄧世昌以總兵記名簡放，並加提督銜。是年10月，北洋海軍正式組建成軍，鄧世昌升至中軍中營副將，西元1891年，李鴻章檢閱北洋海軍，鄧世昌因訓練有功，獲「葛爾薩巴圖魯」勇名。

西元1894年9月17日，日本艦隊突然襲擊中國艦隊，一場海戰打響了，這就是黃海大戰。

戰中，擔任指揮的旗艦被擊傷，大旗被擊落，鄧世昌立即下令在自己的艦上升起旗幟，吸引住敵艦。他指揮的「致遠艦」在戰鬥中最英勇，前後火炮一齊開火，連連擊中日艦。日艦包圍過來，「致遠艦」受了重傷，開始傾斜，砲彈也打光了。

鄧世昌感到最後時刻到了，對部下說：「我們就是死，也要死出中國海軍的威風，報國的時刻到了！」

他下令開足馬力向日艦「吉野號」衝過去，要和它同歸於盡，這大無畏的氣概把日本人嚇呆了。

這時，一發砲彈不幸擊中「致遠艦」的魚雷發射管，使管內魚雷發生爆炸導致「致遠艦」沉沒。200多名官兵大部分犧牲。

鄧世昌墜身入海，隨從拋給他救生圈，他執意不接，他的愛犬「太陽」飛速游來，銜住他的衣服，使他無法下沉。可他見部下都沒有生還，狠了狠心，將愛犬按入水中，一起沉入碧波，獻出了寶貴的生命，享年45歲。

　　鄧世昌犧牲後舉國震動，光緒帝垂淚撰聯「此日漫揮天下淚，有公足壯海軍威」，並賜予鄧世昌「壯節公」諡號，追封「太子少保」，入祀京師昭忠祠，御筆親撰祭文、碑文各一篇。

【旁注】

　　黃浦江：是中國長江口的支流，在上海市境內。舊稱黃浦，別稱歇浦、春申江，因舊時訛傳為戰國楚春申君黃歇疏濬而得名，發源於太湖，東流經青浦區澱山湖，出湖後到閔行區鄒家寺嘴折向北流，是歷史上太湖水排洩入海的「三江」水道之一，古稱「東江」、「橫潦涇」。

　　管帶：清代軍事職官名稱。清末新兵制，巡防營與陸軍警察隊統轄一營的長官，也稱管帶。海軍的艦長也用此稱。隸屬於神機營掌印大臣和管理大臣。神機營轄馬隊、步隊營，專操管帶分掌各營操演槍炮，練習技藝和陣法。

　　丁汝昌（西元1836年～1895年）：晚清北洋海軍提督。字禹廷。安徽省廬江縣人。早年參加太平軍，後被迫隨隊

叛投湘軍。西元1879年，被李鴻章調北洋海防差用。西元1888年出任北洋海軍提督。在威海衛之戰中，指揮北洋艦隊抗擊日軍圍攻，但未得到上級命令，無奈港內待援，致北洋海軍陷入絕境，最後服毒自盡。

光緒帝（西元1871年～1908年）：愛新覺羅載湉，清朝第十一位皇帝。4歲登基，由慈禧、慈安兩宮太后垂簾聽政至18歲。此後雖名義上歸政於光緒帝，實際上大權仍掌握在慈禧太后手中。1908年11月14日光緒帝因砒霜中毒而暴崩，享年38歲，葬於清西陵的崇陵。

【閱讀連結】

自古以來，犧牲在戰場上，一直是愛國軍人引以自豪的志向。特別是那些明知眼前將死仍勇敢赴難的人，更令人崇敬。在中日甲午海戰中犧牲的鄧世昌就是這樣的人。

鄧世昌是中國最早的一批海軍軍官中的一個，是清朝北洋艦隊中「致遠艦」的艦長。他有強烈的愛國心，常對士兵們說：「人誰無死？但願我們死得其所，死得值！」

西元1894年，中國和日本之間爆發了甲午戰爭。鄧世昌多次表示：如果在海上和日艦相遇，遇到危險，我就和它同沉大海！

國家圖書館出版品預行編目資料

將帥傳奇,將帥風雲與文韜武略:孫武、白起、岳飛、關羽……從上古至近世的忠義軍魂,譜出歷史的戰歌 / 肖東發 主編,劉文英 編著. -- 第一版. -- 臺北市:複刻文化事業有限公司, 2024.12
面; 公分
POD 版
ISBN 978-626-7620-33-5(平裝)
1.CST: 軍事家 2.CST: 傳記 3.CST: 中國
782.21   113019297

電子書購買

爽讀 APP

臉書

將帥傳奇,將帥風雲與文韜武略:孫武、白起、岳飛、關羽……從上古至近世的忠義軍魂,譜出歷史的戰歌

主　　編:肖東發
編　　著:劉文英
發 行 人:黃振庭
出 版 者:複刻文化事業有限公司
發 行 者:崧燁文化事業有限公司
E - m a i l:sonbookservice@gmail.com
粉 絲 頁:https://www.facebook.com/sonbookss/
網　　址:https://sonbook.net/
地　　址:台北市中正區重慶南路一段 61 號 8 樓
8F., No.61, Sec. 1, Chongqing S. Rd., Zhongzheng Dist., Taipei City 100, Taiwan
電　　話:(02) 2370-3310　傳　　真:(02) 2388-1990
印　　刷:京峯數位服務有限公司
律師顧問:廣華律師事務所 張珮琦律師

-版權聲明-

本書版權為大華文苑出版社所有授權複刻文化事業有限公司獨家發行繁體字版電子書及紙本書。若有其他相關權利及授權需求請與本公司聯繫。
未經書面許可,不得複製、發行。

定　　價:299 元
發行日期:2024 年 12 月第一版
◎本書以 POD 印製